Katharina Biersack

Fatigue

Chronische Erschöpfung verstehen und bewältigen

Verlag W. Kohlhammer

Umschlagabbildung: Christian Lebon – stock.adobe.com

1. Auflage 2025

Gesamtherstellung: W. Kohlhammer GmbH, Heßbrühlstr. 69, 70565 Stuttgart
produktsicherheit@kohlhammer.de

Print:
ISBN 978-3-17-044569-7

E-Book-Formate:
pdf: ISBN 978-3-17-044570-3
epub: ISBN 978-3-17-044571-0

Rat + Hilfe

Fundiertes Wissen für Betroffene, Eltern und Angehörige – Medizinische und psychologische Ratgeber bei Kohlhammer

Eine Übersicht aller lieferbaren und im Buchhandel angekündigten Ratgeber aus unserem Programm finden Sie unter:

https://shop.kohlhammer.de/rat+hilfe

Die Autorin

Dr. med. Katharina Biersack ist Fachärztin für Psychosomatische Medizin in München. Sie ist tätig als Oberärztin der Schön Klinik Tagesklinik Einsteinstraße und als wissenschaftliche Mitarbeiterin an der Technischen Universität. Ihre klinischen und wissenschaftlichen Schwerpunkte sind Ursache und Behandlung von funktionellen Körperbeschwerden und die Versorgung psychosomatischer Erkrankungen in der Allgemeinbevölkerung.

Inhalt

Materialsammlung und Arbeitsblätter

Verzeichnisse

Hinweise zum Online-Zusatzmaterial

Den Weblink, unter dem die Zusatzmaterialien zum Download verfügbar sind, finden Sie unter »Materialsammlung und Arbeitsblätter« am Ende dieses Buches.

- Zusatzmaterial 1: Meine Fatigue (siehe auch Materialsammlung und Arbeitsblätter)
- Zusatzmaterial 2: Übung zu Grenzen und Bedürfnissen (siehe auch Materialsammlung und Arbeitsblätter)
- Zusatzmaterial 3: Gesprächsleitfaden zur Vorbereitung und Dokumentation für ein Gespräch im medizinischen Kontext
- Zusatzmaterial 4: Imagination Text – Das Segelboot
- Zusatzmaterial 5: Imagination Text – Die Feder
- Zusatzmaterial 6: Imagination Audio – Der rauschende Gebirgsbach
- Zusatzmaterial 7: Imagination Audio – Das rennende Pferd
- Zusatzmaterial 8: Imagination Audio – Der Seerosenteich
- Zusatzmaterial 9: Imagination Audio – Das Segelboot
- Zusatzmaterial 10: Imagination Audio – Die Feder
- Zusatzmaterial 11: Mein Zielebogen (siehe auch Materialsammlung und Arbeitsblätter)
- Zusatzmaterial 12: Energiepegel 1 bis 10 (siehe auch Materialsammlung und Arbeitsblätter)
- Zusatzmaterial 13: Energiepegel 1 bis 100 (siehe auch Materialsammlung und Arbeitsblätter)
- Zusatzmaterial 14: Mein Energietagebuch (siehe auch Materialsammlung und Arbeitsblätter)

Geleitwort und Gebrauchsanweisung

Liebe Leserin, lieber Leser,

vielen Dank, dass Sie dieses Buch erworben haben. Ich hoffe, es kann Sie bei Ihrem Weg mit Fatigue begleiten und unterstützen, egal ob Sie Betroffene:r, Angehörige:r oder interessierte Fachperson sind.

Anlass dieses Buches war die deutliche Zunahme der Bedeutung dieser Beschwerde in der Patient:innenversorgung, aber auch die zunehmende Bedeutung Fatigue-assoziierter Syndrome in der Öffentlichkeit. Fatigue ist in meiner Erfahrung oft mit Rat- und Hilflosigkeit verbunden, ebenso leider oft mit Fehlinformationen, die Hoffnungen ansprechen und dann doch nur teure, manchmal fragwürdige, Behandlungen verkaufen. Als Psychosomatikerin ist meine Perspektive dabei eine ärztliche und psychotherapeutische, meine Haltung: informieren, den eigenen Spielraum der Einflussnahme kennenlernen und darin eine Handhabe entwickeln.

Es soll in diesem Buch nicht um spezifische Krankheiten und Syndrome gehen, sondern um eine Körperbeschwerde, die viele Menschen mit vielen unterschiedlichen Gesundheits- und Krankengeschichten betrifft. Ziel ist, Sie dabei zu unterstützen gute Entscheidungen für sich und Ihren Behandlungsweg zu treffen, um wieder »Herr im eigenen Hause« werden.

Die Grundlage für Aufbau, Haltung und Ansatz des Buches bietet dabei meine langjährige Arbeit in der Psychosomatischen Medizin. Meine Ausbildung lehrte mich, die Subjektivität von Körperbeschwerden und ihre Bedeutung zu verstehen. Jede Fatigue ist anders. Gleichzeitig lehrte sie mich auch eine grundsätzliche Haltung gegenüber Körperbeschwerden und ihrer Umstände, die Verständnis, Umgang und Wirksamkeitserleben fördert.

Nutzen Sie dieses Buch dazu, sich zu informieren und Anhaltspunkte zu finden, die Ihnen weiterhelfen. Vielleicht gibt es den ein oder anderen Aha-Effekt. Das würde mich sehr freuen. Die Aufteilung des Buches ist dabei dreigeteilt und kann von vorne nach hinten, der Reihe nach, gelesen oder auch zum Schmökern und Nachschlagen genutzt werden. Die drei Teile sind »Wissen«, »Sprechen« und »Tun«. Der Gedanke dahinter ist, dass dies die grundlegenden Bestandteile des Umgangs mit Fatigue sind.

Im Kapitel »Wissen« erhalten Sie dabei einen Überblick über nützliches und fundiertes Wissen. Beachten Sie dabei, dass es sich um den Wissensstand zur Zeit der Entstehung des Buches (Frühjahr 2024) handelt. Dieser ist bewusst als Überblick gehalten und soll Sie auch dabei unterstützen, selbst wissenschaftliche Literatur einzuordnen.

»Sprechen« soll Ihnen Denkanstöße und hoffentlich nützliche Anregungen für die Kommunikation mit Angehörigen, ärztlichem und therapeutischem Personal bieten. Wenn Sie sich auf der professionellen Seite befinden, kann Ihnen das Kapitel einen Perspektivwechsel in Richtung Betroffener bieten.

Im dritten Teil, »Tun«, soll es um konkrete Übungen und Hilfestellungen, sowie Behandlungsgrundlagen, gehen. Da sich hinter Fatigue viele Krankheitsbilder und unterschiedliche Bedingungen und Bedürfnisse verbergen, verwenden Sie dies gerne als Vorschläge. Ich gehe nicht davon aus, dass jede Übung immer hilft, sie haben in meiner klinischen Erfahrung ihren Ursprung und mit Einzelnen gut funktioniert. Oft ist es nicht die einzelne Intervention, sondern eine grundlegende Veränderung der Perspektive und eine individuelle Mischung aus Ansätzen, die weiterhelfen.

Zwei Ankündigungen zur Sprache: in diesem Buch wird genderneutrale Sprache benutzt und, wo nicht möglich, der «:« verwendet. In diesem Buch werden Fatigue und verwandte Begriffe (z. B. Müdigkeit, Erschöpfung) synonym und manchmal wechselnd verwendet. An manchen Stellen passt der eine oder der andere Begriff besser. Dies ist auch dem Punkt geschuldet, dass es hier nicht um ein Syndrom oder eine einzelne Diagnose, sondern eine Beschwerde, die in vielen unterschiedlichen Farben daherkommt, gehen soll.

Um besonders dem letzten Teil des Buches auch in seiner grundlegenden Struktur gerecht zu werden, sind zwischen den Kapiteln immer wieder Übungen eingestreut, die die Reflexion vertiefen sollen. Vorlagen sind im Onlineanhang des Buches zu finden, ebenso können Sie diese auch als Druckvorlage herunterladen. Ich hoffe, es ist etwas für Sie dabei. Ich wünsche Ihnen alles Gute auf Ihrem Weg und Freude beim Lesen.

Ihre
Dr. med. Katharina Biersack

1 Fatigue verstehen – Wissen

Im ersten Teil dieses Buches soll Wissen zum Thema Fatigue zusammengefasst werden. Fatigue ist im Kontext dieses Buches keine spezifische Krankheit und kein Syndrom, sondern ein Symptom, das bei vielen unterschiedlichen Krankheiten vorkommt, und dem wir uns als solches nähern wollen. Es wird deshalb nur dann, wenn sinnvoll oder nötig, auf spezifische Erkrankungen eingegangen. Für alle Teile dieses Buches gilt: nicht alles wird auf Sie zutreffen und, wenn Sie sich derzeit in einer ärztlichen Behandlung befinden, und die Information, die Sie hier lesen, stark von Ihrem Therapieansatz abweicht, fragen Sie vielleicht nach, warum dies oder jenes in Ihrem Fall nicht zutrifft. Machen Sie grundsätzlich nur diejenigen Übungen, die im Rahmen Ihrer Behandlung vertretbar sind.

Wir wollen uns diesem Symptom wissenschaftlich, d. h. physiologisch, psychologisch, kulturell, historisch und sprachlich nähern, weil alle diese Ebenen jede Person betreffen, die an Fatigue leidet. Sie können sich einen Überblick verschaffen und die vielen Dimensionen des Symptoms näher betrachten. Dieses Kapitel soll Ihnen auch grundlegende Kenntnisse vermitteln, die Ihnen im Kontakt mit Ärzt:innen oder auch beim eigenständigen Recherchieren helfen sollen. Ziel ist, mehr Wissen und damit Sicherheit im Umgang mit Informationen zum Thema Fatigue zu gewinnen. Dieses Kapitel hat deswegen nicht Vollständigkeit zum Ziel – dieses Vorhaben wäre zum Scheitern verurteilt – sondern vielmehr das Legen eines möglichst nützlichen Grundsteins. Ein Fundament, auf das Sie bauen können.

1.1 Was bedeutet Fatigue?

Eine einheitliche Definition des Begriffs Fatigue ist kaum möglich. Der Begriff wird, gegenüber in der Bedeutung verwandter deutscher Worte wie Müdigkeit und Erschöpfung, häufig im medizinischen Kontext angewandt, was sicher mit seiner Verwendung in anderen Sprachen zu tun hat. Fatigue ist international, wenngleich das Wort ursprünglich aus dem Französischen stammt. Da man sich bei einem international verwendeten Fachbegriff, über kulturelle Besonderheiten hinweg, auch ein Stück weit einigen muss, ist die medizinische Fatigue klarer und leicht anders beschrieben als die sonstige, sozusagen umgangssprachliche, Fatigue.

1.1.1 Versuch einer Definition

In diesem Buch soll es um die klinisch auftretende Beschwerde der Fatigue gehen, aber natürlich auch viel um Wahrnehmung. Wie wir etwas bewerten und nennen, hängt natürlich nicht nur davon ab, wie die internationale Medizinwelt einen Begriff definiert, sondern auch, was wir damit verbinden. Also ist Fatigue für die gefragte Person dasselbe wie Erschöpfung oder etwas ganz anderes? Wie verhält es sich mit Müdigkeit? Aufgrund der Schwierigkeit der Definition des Begriffes, ist er auch schwer gegen diese Begriffe abzugrenzen. ▶ Abb. 1.1 zeigt einen Auszug synonym verwendeter und verwandter Begriffe. Welcher Begriff spricht Sie besonders an, wie nennen Sie Ihr Empfinden und was beschreibt es am treffendsten?

Das Spannende an der Verwendung des Begriffes »Fatigue« ist sicherlich, dass, obwohl in jeder Krankheitsdefinition und in jedem Fachartikel eine eigene Definition existiert, es dennoch möglich ist, sich mit diesem Begriff zu verbinden und auf die Frage »Leiden Sie an Fatigue?« eine Antwort zu finden. Die Schwierigkeit, das Erleben von Fatigue zu beschreiben, stammt sicherlich auch aus der Komplexität und Globalität das Erlebens: Fatigue ist kein Kitzeln im linken kleinen Zeh, sondern ein Erleben, das den gesamten Organismus, physisch und psychisch, miteinbezieht.

Abb. 1.1: Fatigue und ihre Verwandten

Fatigue hat als Körpersymptom Signalcharakter. Man könnte sie an dieser Stelle leicht mit Schmerz vergleichen. Dieser dient evolutionär dazu, Gefahren aus dem Weg zu gehen oder sich von diesen zu entfernen. »Weg da«, sagt er. Dabei ist der akute Schmerz in vielen Fällen gut in der Lage, dies zu erreichen und Schlimmeres zu vermeiden. Man denke an die heiße Herdplatte. Fatigue macht analog auf einen Mangel an Energie aufmerksam. Die natürliche Konsequenz, zu der Fatigue aufruft, ist also Ruhe. »Leg dich hin«, sagt sie, um Reserven zu schützen und mit ihnen zu haushalten. Auch hier ist dies in der akuten Situation sicherlich nützlich. So braucht man nach einem körperlichen Training Regenerationszeit. In einer chronischen Situation ist diese Aufforderung aber weder ausreichend noch adäquat.

Fatigue als Beschwerde ist besonders schwierig, beziehungsweise unmöglich, von außen zu bewerten. Vom Aktivitätsniveau oder dem Beobachtbaren ausgehend kann man sich zwar bemühen, auf das dahinterstehende Energieniveau zu schließen, aber sich natürlich auch irren. Die Medizin ist in großen Teilen auf objektivierbare Befunde, Bilder, Laborbefunde und so weiter, ausgerichtet und tut sich schwer damit, ein Maß für subjektives Erleben zu finden. ▶ Kap. 1.6 gibt einen Überblick über verwendete Fragebogen. Besonders schwierig wird es dann noch einmal, wenn es nicht nur darum geht, Energie und Fatigue zu objektivieren, sondern auch noch darum zu beurteilen, warum jemand etwas tut oder nicht tut. Auf den Punkt gebracht heißt es: »Wollen Sie nicht oder können Sie nicht?«

Sollten Sie jemals mit dieser oder einer ähnlich formulierten Frage konfrontiert worden sein, dann hat dies möglicherweise viel Ärger bei Ihnen verursacht. Es liegt etwas Vorwurfsvolles schon in der Frage. Tatsächlich ist eine wichtige Unterscheidung bei Fatigue die nach einer Störung des Antriebs. Antriebsstörungen kommen zum Beispiel bei depressiven Erkrankungen vor. Dabei ist der Antrieb, also der Weg zwischen Impuls und Umsetzung gestört. Es kann sein, dass erst gar keine Wünsche in Handlungsimpulse umgewandelt werden, eine Art Motivationslosigkeit. Oder auch, dass diese Impulse zwar aufkommen, aber früh im Prozess ausgebremst werden. Das nennt man dann Antriebshemmung. »Wollen« ist also auch ein Prozess, der gestört sein kann und nicht komplett unserer Kontrolle unterliegt. Man kann auch manchmal nicht wollen können.

Bei Fatigue, insbesondere wenn sie chronisch ist, ist in meiner Erfahrung der Antrieb erhalten, es entstehen also noch Wünsche und Impulse, die aber nicht oder nicht leicht umgesetzt werden können. Viele Getroffene leiden gerade darunter, dass sie nicht lustlos herumliegen, sondern sich damit quälen, viele Pläne zu haben. Dadurch entsteht keine Spannungslosigkeit, oder gar eine Entspannung, sondern eine lähmende Spannung. Die Spannung des »Wollens aber nicht Könnens«. Man könnte sagen: Fatigue ist Erschöpfung plus Antrieb.

Gleichzeitig ist die Trennung zwischen Wollen und Können, wenn man sie als Mauer ohne Türen versteht, auch ein Stück weit künstlich. Sie ist vermutlich deswegen so wichtig, weil wir »Wollen« in unserer Kontrolle vermuten und »Können« sich unserer Kontrolle gänzlich entzieht. Bei einer unsichtbaren Beschwerde wie Fatigue ist sie vermutlich deswegen so bedeutend, weil sich Betroffene oft in eine Position gedrängt fühlen, in der sie ihre Beschwerden beweisen müssen. In der ihnen nicht geglaubt wird, wie es ihnen geht. In der ihnen nahegelegt wird, mit genug »Willen« oder »Disziplin« könne man das doch alles regeln. Und dass sie es noch nicht geregelt haben, ist Beweis für ihre Disziplinlosigkeit. Das ist ein rein moralisches Argument einer Gesellschaft, die Begriffe wie den »inneren Schweinehund« entwickelt, den man an die Leine nehmen und in den Griff bekommen muss, und wenig Verständnis dafür hat, wenn das nicht geschieht.

So einfach ist die Trennung zwischen Wollen und Können aber nicht und beides können wir zum Teil beeinflussen, zum anderen Teil auch nicht. Sie können sicher auch bei Erschöpfung manchmal etwas trotzdem tun. Andererseits kann es auch manchmal sehr schwer sein, Motivation und Wollen entstehen zu lassen. Beides ist wichtig in der Fatigue und es kann hilfreich sein, mehr Flexibilität in diese Begriffe zu bekommen. Für sich selbst und im Kontakt mit anderen.

1.1.2 Seiten von Fatigue

Wenn man Menschen mit Fatigue fragt, wie sie ihre Beschwerde beschreiben, dann erhält man nicht nur unterschiedliche Vokabeln wie oben genannt, sondern auch viele zusätzliche Beschreibungen. In diesen Beschreibungen stecken oft unterschiedliche Nuancen der Beschwerde. Da Fatigue alle Lebensbereiche betrifft, das Soziale, die Person, ja sogar die Identität, kommen in der Beschreibung auch Aspekte aus all diesen Bereichen vor.

Eine Übersichtsarbeit, in der Studien zusammengefasst wurden, mit Menschen mit Fatigue und unterschiedlichen Grunderkrankungen (Multiple Sklerose (MS), Herzinsuffizienz, Rheuma, Nierenleiden, und chronisch obstruktiver Lungenerkrankung (COPD)), untersuchte 2020 die »Natur« von Fatigue. Also wie lässt sich Fatigue und ihr Erleben beschreiben? Dabei tauchten bestimmte Begriffe immer wieder auf, wie die »leere Batterie«, Begleitsymptome wie Depressionen, Schlafstörungen oder kognitive Einschränkungen, aber auch das Gefühl, nicht verstanden zu werden. Auch wurde hier das Spannungsfeld zwischen Plänen und dem eigenen Anspruch einerseits und dem Möglichen andererseits immer wieder benannt (Jaime-Lara et al., 2020).

▸ Abb. 1.2 zeigt mögliche Aspekte des Fatigue-Erlebens, die in der Erkrankung und in der Behandlung relevant sein können. Bestimmte Begriffe treffen vermutlich mehr auf Sie zu als andere. Dies kann auch wechseln oder sich je nach Situation unterscheiden.

Abb. 1.2: Aspekte von Fatigue

Fatigue zeichnet sich für Viele vor allem durch ein Fehlen oder einen Verlust aus. Es fehlt an Kraft, an Energie, aber auch an Lust. Manchmal fehlt gar das Gefühl von Sinn. Es fehlt die Freude, manchmal auch das Gefühl, selbst Einfluss nehmen zu können. Mental macht sich Fatigue häufig auch durch einen Mangel an Konzentration und Klarheit, manchmal als »Nebel« beschrieben, bemerkbar. Hinter den Defiziten besteht ein Gefühl der Unruhe und Anspannung. Die Beschwerde in ihren Einschränkungen, aber auch das Gefühl, nicht richtig verstanden zu werden, machen einsam und führen zu sozialem Rückzug. Spielen alle diese Facetten bei Ihnen eine Rolle? Was ist besonders bedeutsam für Sie? Was fehlt Ihnen in der Skizze noch? Sie können dazu die Vorlage online verwenden.

1.2 Eine kleine Geschichte der Fatigue

Fatigue ist ein Symptom, das Sie oder Andere als Individuum betrifft. Einerseits ganz subjektiv. Andererseits finden Beschwerden und deren Erleben immer in einem Kontext statt, der diese und auch den Umgang mit ihnen beeinflusst. Fatigue, Erschöpfung und Müdigkeit gab es immer. Ihnen wurde, je nach gesellschaftlicher Entwicklung, unterschiedliche Bedeutung zugeschrieben.

1.2.1 Im Mittelalter – Effektivitätsmarker und wichtiger Teil des einfachen und noblen Lebens

Im Mittelalter wurde Erschöpfung als das Ergebnis körperlicher Anstrengung betrachtet, wie bei harter Arbeit oder langen Reisen. Sie war damit etwas, das unbedingt zum Leben dazugehörte, insbesondere in den Milieus, die körperlich arbeiteten, wie Bauern oder handwerkliche Berufe. Sie war dort jedoch »trivial« und deswegen, im wörtlichen Sinne, erstmal nicht der Rede wert. Die Beschäftigung mit Anstrengung und ihrer Auswirkung auf Arbeit, ihre Effektivität und Effizienz, führte jedoch nach und nach zur Einführung von klaren Arbeitszeiten und Pausen, die abhängig von der Tätigkeit und der einhergehenden Erschöpfung waren. Fatigue wurde dort nicht als Erkrankung verstanden, sondern als eine Phase. Sie wurde mit »Leere« und »Verlust« von Kraft und, wörtlicher, Schweiß und anderen Körpersäften, in Zusammenhang gebracht. Es galt, ihr zu trotzen. So wurden Krieger und Ritter mit äußerlichen Zeichen von Erschöpfung und Zermürbung beschrieben, die trotzdem weitermachten und siegreich waren. Diese »Ausdauer« sah man als besonders ehrenvoll und als Zeichen innerer Stärke an. »Bloß keine Schwäche zeigen« war das Motto. Helden erlitten und erduldeten. Im Kontext von Reisen und Pilgerfahrt gehörte Erschöpfung auch mit dazu. Sie war Ausdruck des Geleisteten und ihre Anzeichen »adelten« die Erschöpften.

Obwohl Fatigue nicht als Erkrankung oder als krankhaft betrachtet wurde, gab es doch viele Ideen zu ihrer »Behandlung«, also wie man sich wieder »erfrischt«. Vom klassischen, aber spirituell und symbolisch aufgeladenen Wassertrinken bis hin zu Kristallen und Talismanen, die böse Geister austreiben sollten, hatte man viele Ideen.

1.2.2 Moderne und Neuzeit: Komplexes und mehrschichtiges Erleben

In der Moderne wurden die Formen und Grade von und Gründe für Fatigue mehr unterschieden. Die Welt veränderte sich. Es gab lärmende, dicht besiedelte Städte, die Erschöpfung parat hielten, es etablierte sich der Begriff der Kriegsmüdigkeit und Fatigue war nicht nur eine Folge der körperlichen Anstrengung, sondern auch der geistig-emotionalen. In der Medizin und Heilkunst waren die »Körpersäfte« besonders bedeutend. So ist das Wort »erschöpft« gerade bildlich für ein Fehlen dieser. Auch die »Heilmittel« entwickelten sich weiter. Jetzt standen Kaffee, Nikotin und Alkohol zur Verfügung, die Beschwerlichkeiten zu lindern.

Durch die Aufklärung wurden das Fühlen und Erleben viel bedeutsamer. Besonders sozial höher gestellte Zeitgenossen berichteten von Strapazen und beschrieben ihren Bezug dazu blumig. Neben dieser »inneren Fatigue« war weiterhin die »beobachtbare« Fatigue von Arbeitenden bedeutsam. Um Prozesse effizient zu gestalten, war es nötig, die Energie und Ermüdbarkeit, die mit ihr einherging, im Blick zu behalten. Dabei halfen auch die zunehmende Mechanisierung und Einführung von Maschinen, die beschwerliche Aufgaben erledigen oder zumindest erleichtern konnten. Andere Anstrengungen wie Reisen und Abenteuer galten dagegen als besonders wertvoll und ehrbringend.

Mit den neuen Möglichkeiten wurden plötzlich alte Regeln erschüttert. Das soziale Gefüge wurde durchlässig und man konnte sich, zumindest theoretisch, durch reine Anstrengung in eine höhere soziale Schicht und zu mehr Wohlstand arbeiten. Geradezu manischer Ehrgeiz wurde in vielen geweckt, die Arbeit war nicht mehr nur Lebenserhalt, sondern auch eine Möglichkeit, aufzusteigen. Gleichzeitig wurde in der erschöpften Gesellschaft das Konzept »Erholung« etabliert. Es entstanden Bäder und Reisen durften auch einer Erholung und dem Gefühl von

Leichtigkeit dienen und mussten nicht zwangsweise bilden und schon aus Prinzip anstrengen.

Durch die voranschreitende Mechanisierung veränderte sich das Bild der Arbeit und der Arbeitenden nachhaltig. Das Ziel der Maximierung von Effizienz und damit Geschwindigkeit und Profit wurde auf dem Rücken der Arbeiter:innen verfolgt. Diese wurden, inklusive ihrer Ermüdbarkeit, wie Maschinen betrachtet, studiert und behandelt. Wie kann man das meiste rausholen? Immer wieder kam es zu Aufständen. Die harte Arbeit ermüdete und gefährdete dabei nicht nur die Gesundheit derer, die sie maßgeblich verrichteten. Sie wurde auch als Gefahr der Produktivität und damit des Wohlstands verstanden und erhielt damit eine neue Konnotation: Fatigue macht leistungsschwach.

Um die Jahrhundertwende herum etablierte sich das Konzept der mentalen Erschöpfung. Fatigue als Gefühl, das nicht nur in körperlicher, sondern eben auch in geistiger Anstrengung seinen Ausgang haben konnte. Mental erschöpfend wirkte dabei so einiges: Die Straßen waren nun mit leuchtenden Schildern und anderen Lichtquellen gefüllt, immer mehr Zeitungen kamen auf. Die Menschen waren viel mehr Reizen und einer höheren Informationsdichte ausgesetzt als noch einige Jahre zuvor.

1.2.3 Jahrhundertwende und zwanzigstes Jahrhundert: Die Welt im Wandel

Am Ende des neunzehnten Jahrhunderts, kurz vor der Jahrhundertwende etablierte sich ein neuer Begriff für ein grassierendes gesundheitliches Problem: »Neurasthenie«, etwa »Nervenschwäche«, wurde die starke Müdigkeit, die viele Menschen betraf, genannt. Eine der ersten beschriebenen Patientinnen Freuds litt unter ihr. Neurasthenie war das erste auf Fatigue basierende Syndrom und beinhaltete neben der Müdigkeit Ängste und Sorgen. Eine psychosomatische Erkrankung also, die nicht nur Individuen betraf, sondern auch als Zeichen gesellschaftlicher Veränderungen verstanden wurde.

Mit dem zwanzigsten Jahrhundert kamen, neben technischen Fortschritten, politische Auseinandersetzungen und bald zwei Weltkriege. Diese verlangten nicht nur den Soldaten einiges ab. Die Heimkehrer zeigten, obwohl sie zum Teil körperlich unversehrt schienen, körperliche Zeichen des Krieges, wie auch starke Fatigue, Schlafstörungen und beispielweise Zittern. Die Ohnmacht in den Schützengräben wurde über diese Körperbeschwerden geradezu mit nach Hause gebracht.

Mit dem Totalitarismus, also zum Beispiel im Deutschland des Nationalsozialsozialismus, wurde Fatigue zur Schwäche umgedeutet. Schwäche und Menschen, die sie zeigten, wurden abgelehnt und als unwert betrachtet. Besonders »starke« Menschen, vor allem Männer, wurden propagiert. Müdigkeit und ihre Abwesenheit waren großes Politikum.

Auch die Wissenschaft machte mit dem zwanzigsten Jahrhundert große Fortschritte. Ein besonderes Interesse lag zunächst auf dem Hormonsystem. Man erkannte den Zusammenhang zwischen zu geringen Schilddrüsenhormonen und erheblichen körperlichen und geistigen Einschränkungen, darunter auch Müdigkeit und Konzentrationsfähigkeit. Kurz dachte man, die Fatigue besiegt zu haben, indem man Hormone gab. Es wurden auch Versuche mit Testosteron, beispielsweise durch das Implantieren tierischer Hoden, unternommen, allerdings mit vielen Nebenwirkungen und ohne durchschlagenden Erfolg.

Im Anschluss wurde an unterschiedlichen Stimulanzien, zum Beispiel an Amphetaminen, geforscht. Stoffe wie Kokain wurden nach ihrer Entdeckung zunächst bedenkenlos als Wundermittel gegen Müdigkeit beworben. Die mittelfristigen Folgen führten jedoch zu einem Umdenken und brachten Ernüchterung.

1.2.4 Heute: Warum sind wir so müde?

Eine einfache Antwort gibt es darauf immer noch nicht. Auch wenn sich Menschen seit Jahrhunderten bereits Gedanken zu dieser Frage gemacht haben. Immer, wenn man jetzt etwas zu diesem Thema liest, dann spielt das Konzept und das Wort »Stress« eine große Rolle. Die Idee davon, dass kontinuierliche Belastung schädigt und gefährlich werden kann, ist jedoch noch relativ neu.

Besonders der Arbeitsplatz scheint hier von Bedeutung. In den letzten Jahrzehnten haben chronische Schmerzen und Burn-out im Zusammenhang mit Arbeit immer mehr zugenommen. Menschen sitzen verkrümmt den ganzen Tag in einem Büro, fühlen sich gehetzt, überwacht, unfrei und dabei nicht gesehen und wertgeschätzt. Hier klafft ein großer Krater zwischen den Bedürfnissen der Arbeitenden und der modernen Arbeitswelt, in der viele zwar nicht mehr am Fließband stehen, aber dadurch nicht unbedingt an Freiheit in ihrer Tätigkeit gewonnen haben.

Wir sind ständig erreichbar und erleben das als völlig normal. Die Grenzen zwischen unserer Arbeit und unserer Freizeit verschwimmen immer mehr. Wir sind immer »angeknipst« und müssen scheinbar immer funktionieren. In all unseren Lebensbereichen gibt es Möglichkeiten und Zwänge, diese immer weiter zu optimieren. Wir treiben Sport, achten auf unsere Figur, haben zig Interessen und wollen in unseren Hobbies glänzen. Uns selbstverwirklichen. All das schlaucht.

Die COVID-19-Pandemie wirkte wie ein Katalysator für viele dieser Prozesse, erhöhte die Zwänge und nagte gleichzeitig an natürlichen Ressourcen wie der sozialen Unterstützung. Was ist also Müdigkeit im gesellschaftlichen Kontext? Sie zeigt Grenzen auf. Grenzen des Möglichen, Grenzen des Machbaren, Grenzen des Erduldbaren. Als Gesellschaft streben wir danach, diese Grenzen zu verschieben, freier zu werden und zu wachsen. Die Fatigue ist der Preis, den wir zahlen (Vigarello, 2022).

1.3 Wie entsteht Fatigue und wie wird sie chronisch?

Die Auslöser für die Beschwerde Fatigue sind vielfältig. Wenn die Fatigue, nachdem sie einmal aufgetreten ist, nicht ausreichend behandelt wird oder werden kann, so wird sie manchmal chronisch. Die Faktoren, die zu einer Chronifizierung führen, können dabei andere als die auslösenden Faktoren sein. Das soll heißen: Auslöser und aufrechterhaltende Faktoren sind unterschiedliche Kategorien, die dazu führen, dass akute und chronische Fatigue unterschiedlich zu behandeln sind. Die unten stehende Grafik soll das veranschaulichen. In diesem Kapitel werden deswegen die

Auslöser und Umstände, unter denen Fatigue das erste Mal auftritt, von den Faktoren, die zur Chronifizierung führen, getrennt voneinander besprochen (► Abb. 1.3).

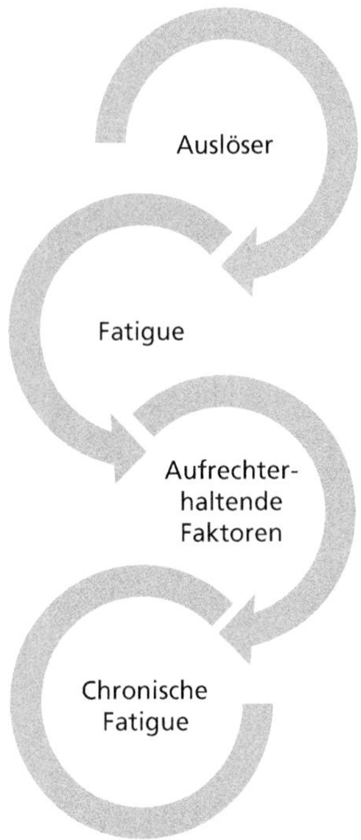

Abb. 1.3: Entstehung und Chronifizierung von Fatigue

1.3.1 Auslöser für Fatigue

Fatigue, als Erschöpfung oder Müdigkeit angegeben, sind sehr häufig, wenn man danach fragt, werden aber deutlich seltener Beratungsanlass in der ärztlichen Praxis. Es gibt viele Diagnosen, die im Zusammenhang mit der Beschwerde diagnostiziert werden, zum Beispiel die Chronisch Obstruktive Lungenerkrankung. Sehr häufig sind auch die Kriterien für eine Depression oder eine Angsterkrankung erfüllt, seltener die Kriterien für das sogenannte Chronic Fatigue Syndrom. Sehr häufig können psychosoziale Faktoren, die mit dem Auftreten der Erschöpfung in Zusammenhang stehen, erörtert werden. In seltenen Fällen tritt Fatigue in Zusammenhang mit gefährlichen Störungen, wie z. B. Krebserkrankungen auf. Eine dahingehende Diagnose ist aber sehr unwahrscheinlich, solange das Haupt- und einzige Symptom Fatigue ist (Deutsche Gesellschaft für Allgemeinmedizin und Familienmedizin (DEGAM), Berlin, 2022).

Bei folgenden Erkrankungen und Zuständen kommt es häufig zu Fatigue (unvollständige Liste):

- Psychosoziale Belastungssituationen mit ungewöhnlichem Stress.
- Depression.
- Angststörung.
- Schlafstörungen.
- Chronische körperliche Erkrankungen, z. B. COPD.
- Hormonelle Störungen wie Schilddrüsenunterfunktion.
- Lebererkrankungen.
- Krebserkrankungen.
- Anämie, bzw. Blutarmut. Häufig durch Eisenmangel hervorgerufener Mangel des Hämoglobins in roten Blutkörperchen, die Sauerstoff durch unseren Körper transportieren.
- Während oder nach Virusinfektionen, z. B. Epstein-Barr-Virus oder SARS-Cov-2.
- Syndrome wie Fibromyalgie, Chronic Fatigue Syndrome, Reizdarmsyndrom, prämenstruelles Syndrom und andere.
- Nach medizinischen Eingriffen.
- Einnahme bestimmter Medikamente, z. B. Mittel gegen hohen Blutdruck, Opiate, Antidepressiva etc.
- Fehl- oder Mangelernährung.

Diese Liste könnte an dieser Stelle noch deutlich länger sein (Deutsche Gesellschaft für Allgemeinmedizin und Familienmedizin (DEGAM), Berlin, 2022). Weil es bislang noch nicht klar ist, wie genau und warum Fatigue in uns entsteht, auch wenn viel zu äußeren Auslösern und Verhalten bekannt ist, wissen wir nicht, ob Fatigue durch die Erkrankung, mit der sie auftritt, auch ausgelöst wird. Vielleicht ist Fatigue eine gemeinsame Endstrecke, vielleicht ist sie etwas Eigenständiges, vielleicht haben die eine Diagnose und das Symptom Fatigue einen gemeinsamen Ursprung.

Die unterschiedlichen Erkrankungen, bei denen Fatigue auftritt, lassen zwei mögliche Schlüsse zu: 1. Fatigue ist hochkomplex. 2. Fatigue ist eine ganz basale Erfahrung. Widersprüchlich? Vielleicht trifft beides zu. Wie Fatigue entsteht, wissen wir tatsächlich noch gar nicht. Wenn man nach dem Entstehungsmechanismus von Fatigue recherchiert, dann wird man mit Auslösern und nützlichen Tipps zur Lebensführung konfrontiert. Man solle mehr schlafen, nicht mehr rauchen oder allerlei medizinische Abklärungen angehen. Aber wie entsteht die Fatigue in uns?

Fatigue als Müdigkeit des gesamten Organismus ist eine komplexe Beschwerde. Es ist deswegen schwer, einen einzigen Mechanismus dafür verantwortlich zu machen. Außerdem ist die Beschwerde subjektiv und schwer in objektive Messwerte zu übersetzen. Beides erschwert die Ursachensuche. Studien zu diesem Thema untersuchen noch dazu häufig eine einzige spezifische Gruppe, also nicht Menschen mit Fatigue, sondern immer im Kontext einer bestimmten Erkrankung oder einer bestimmten Bedingung.

Bei alten Menschen wurde ein Zusammenhang zwischen Erschöpfung, der Ernährung und der Zusammensetzung des Körpers festgestellt. So nimmt im Alter meist die Muskelmasse ab, was einen Einfluss nehmen kann. Trotz gezeigtem Einfluss, ist nicht klar, welche Bedeutung diese Veränderungen haben und ob sie ursächlich oder eine Begleiterscheinung sind (Azzolino et al., 2020).

Auch für die Hirnforschung ist es nicht leicht, Fatigue als Einheit zu untersuchen, weil es sich dabei um ein komplexes Problem handelt. Eine Möglichkeit, sich dem zu nähern ist, zwischen dem Gefühl von Fatigue und der Veränderung des Leistungsniveaus (»Ermüdbarkeit«) zu unterscheiden. Fatigue kommt bei bestimmten neurologischen Erkrankungen wie Multipler Sklerose sehr häufig auf und wurde deswegen vor allem in Zusammenhang mit diesen Störungsbildern hinsichtlich seiner Mechanismen untersucht. Dies ermöglicht es einerseits, möglichst spezifisch zu untersuchen und etwaige Störfaktoren, die das Ergebnis beeinflussen, auszumerzen. Andererseits kann dies theoretisch bedeuten, dass diese Ergebnisse nicht auf jede Fatigue bei jedem übertragbar sind, sondern dass es vielleicht eine ganze Reihe von Mechanismen gibt.

Bei Multipler Sklerose mit Fatigue konnte beispielsweise gezeigt werden, dass direkt vor einer Bewegung bestimmte Gehirnareale aktiver sind als bei Gesunden, dass also der Prozess auf Gehirnebene aufwändiger abläuft. Warum das so ist, ist noch unklar. Auch beim Chronic Fatigue Syndrom (CFS) sieht man gegenüber Gesunden Veränderungen. Es ist aber derzeit nicht möglich zu sagen, dass diese Veränderungen nur bei CFS auftreten, also spezifisch für dieses Syndrom sind. Man ist über verschieden Experimente an Nerven und Gehirn noch auf der Suche nach sogenannten Biomarkern, also Werten, die man objektiv erheben kann, um festzustellen, ob oder in welchem Ausmaß Fatigue vorliegt. Dies ist derzeit noch nicht möglich. Vielleicht kann so auch nur die Ermüdbarkeit, nicht aber das Gefühl der Fatigue untersucht werden (Tankisi et al., 2024).

Wir wissen also relativ gut Bescheid, was alles Fatigue auslösen kann. Wie jedoch dieser Auslöser eine Fatigue herbeiführt, ist unklar. Es kann gut sein, dass es nicht »die Fatigue« gibt, sondern dass viele unterschiedliche Mechanismen dahinterstecken.

1.3.2 Chronifizierung von Fatigue

Die auslösenden Ursachen von Fatigue sind womöglich sehr unterschiedlich. Dennoch gibt es bei den aufrechterhaltenden Faktoren häufige Mechanismen, die einen Beitrag leisten, und die Ansatzpunkte für die Therapie sind, wenn die Beschwerde chronisch wird.

Ein wichtiger Mechanismus ist die sogenannte Dekonditionierung. Damit ist gemeint, dass der Körper seine Leistungsfähigkeit und -bereitschaft abbaut. Also das Gegenteil eines Ausdauertrainings, das auf Kondition ausgelegt ist. Man stellt sich diese als Teufelskreis vor. Die kurzfristige Erschöpfung führt zu angepasstem Verhalten mit körperlicher Schonung. Dauert diese länger an, so passt sich der Organismus an. Muskeln verändern sich, bauen sich ab oder um, wenn sie weniger gebraucht werden. Das kennt jeder, der bereits nach einem Knochenbruch einen Gips oder eine Orthese getragen hat. Auch der Kreislauf passt sich an. Je länger diese Schonung anhält, desto ausgeprägter sind diese Effekte. Wenn Sie dann wieder anfangen, sich zu bewegen oder Ihre Aktivität wieder steigern wollen, werden Sie feststellen, dass dies deutlich schwieriger ist als sonst. Dem Teufelskreis folgend, sinkt dadurch die Motivation, sich zu bewegen, ebenso wie die Stimmung, trägt zum Gefühl der Fatigue bei und führt dann zu zusätzlicher Schonung (Deutsche Gesellschaft für Allgemeinmedizin und Familienmedizin (DEGAM), Berlin, 2022).

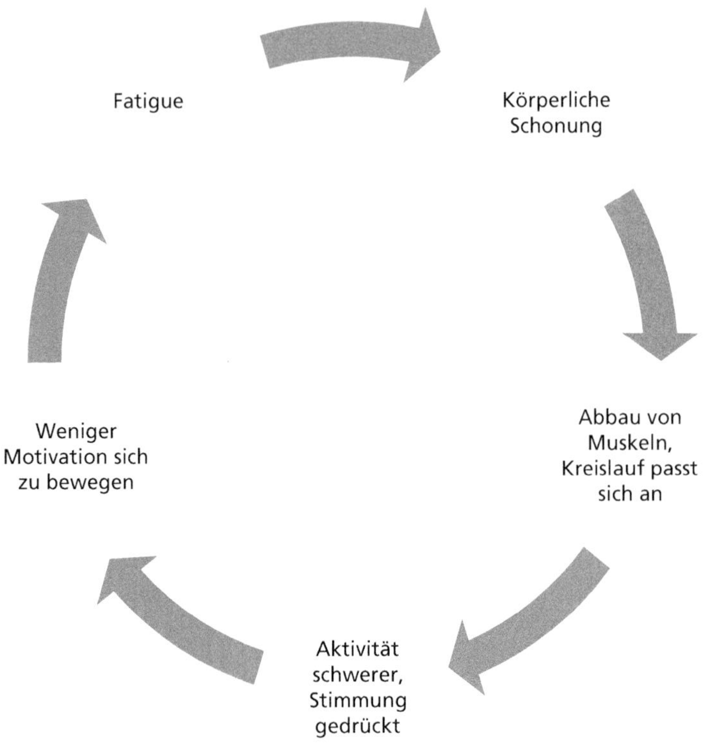

Abb. 1.4: Teufelskreis der Dekonditionierung nach Leitlinie »Müdigkeit« (Deutsche Gesellschaft für Allgemeinmedizin und Familienmedizin (DEGAM), Berlin, 2022)

Damit der Teufelskreis auf Hochtouren läuft, werden die einzelnen Schritte auch noch von Vorerfahrungen, unserer sozialen und psychischen Situation, sowie von körperlichen Gegebenheiten beeinflusst. So kann der Rückbau von Muskeln besonders auch im höheren Alter rasch voranschreiten und zu zusätzlichen Einschränkungen führen. Im klinischen Alltag begegnen mir immer wieder Krankengeschichten, die mit einem deutlichen Einschnitt zu tun haben. Nach einer Infektion oder einer anderen Krankheit oder auch im Rahmen einer depressiven Episode gerät der Teufelskreis in Fahrt. Irgendwann lassen die akuten Beschwerden vielleicht wieder nach und dann soll es wieder losgehen. Aber der Körper streikt. Es geht nicht mehr so leicht wie früher. Kondition zurückzugewinnen ist schon bei Gesunden schwierig, wenn aber andere Faktoren hinzukommen, kann es mitunter nicht bewältigbar erscheinen.

Ein anderer möglicher Risikofaktor für die Chronifizierung von Fatigue besteht in kindlicher Traumatisierung. Im Vergleich berichteten in einer Studie im deutschsprachigen Bereich Menschen mit Chronic Fatigue Syndrom häufiger als Gesunde von sexuellem oder emotionalem Missbrauch und Vernachlässigung, die sie als Kinder erlebt hatten. Das Risiko bei Traumatisierung CFS zu entwickeln war damit sechsfach erhöht, besonders wenn nicht nur von Traumata berichtet wird, sondern diese sogar zu einer Posttraumatischen Belastungsstörung mit Symptomen wie Wiedererleben, Angst und Vermeidungsverhalten geführt hatten. Dies kann eine mögliche Verletzlichkeit auslösen, die über unterschiedliche Faktoren dazu führt, dass Fatigue auftritt und chronisch wird. Ein möglicher vermittelnder Faktor sind Veränderungen in unserem Stresshormonsystem, die sich als reduzierter Anstieg des Cortisolspiegels am Morgen bei Menschen mit Traumabericht und CFS zeigte. Der frühe und intensive Stress beeinflusst den Hormonhaushalt. Kortison spielt eine bedeutende Rolle für unser Aktivitätslevel und auch unser Immunsystem. Ein gutes Beispiel dafür, wie komplex die Wechselwirkungen zwischen Psyche und Körper bei Fatigue sind (Heim et al., 2009).

Neben technischen Modellen und wissenschaftlichen Untersuchungen der Chronifizierung der Fatigue, sind besonders die äußeren Faktoren vermutlich hoch individuell. In ▶ Kap. 3.6 können Sie sich strukturiert mit Einflussfaktoren beschäftigen, die für Sie persönlich eine Rolle spielen.

1.4 Ist das gefährlich?

Fatigue an sich kann Begleitung schwerer körperlicher Krankheit sein, ist in vielen Fällen aber nicht unmittelbarer Ausdruck einer akut bedrohlichen Situation. Ärzt:innen sprechen von »abwendbar gefährlichen Verläufen«, das heißt von Komplikationen und Diagnosen, die man im Blick haben muss, da sie potenziell bedrohlich für Leib und Leben sind. An der Intensität einer Körperbeschwerde erkennt man leider nicht unbedingt, ob diese auf einen lebensbedrohlichen Prozess zurückzuführen ist. Deswegen führen neue Beschwerden immer erst einmal zu diagnostischen Überlegungen und Untersuchungen, um zunächst die dringenden Diagnosen auszuschließen.

Akute Rückenschmerzen können beispielsweise ein sogenannter »Hexenschuss« sein, der zwar sehr schmerzhaft, aber nicht akut gefährlich ist. Kommen aber bestimmte Warnzeichen zu den Beschwerden, können diese auf eine Verletzung des knöchernen Rückens oder des Rückenmarks hindeuten, welche bleibende Schäden wie Lähmungen nach sich ziehen können. Bei diesen Warnzeichen spricht man von sogenannten »Red-Flags« (roten Fahnen), die Ärzt:innen aufhorchen lassen. Wenn Sie sich das erste Mal mit Fatigue vorstellen, dann werden diese Möglichkeiten in Betracht gezogen.

Grundsätzlich bietet jede deutliche Verschlechterung von bestehenden Symptomen oder auch neu auftretende Symptome Anlass, neue Untersuchungen zu erwägen. Chronisch gleichbleibende Beschwerden weisen eher nicht auf eine akute Gefährdung hin. Fatigue ist dabei eine besonders schwierig einzuordnende Beschwerde, da sie bei vielen Erkrankungen auftreten kann. Deswegen ist es besonders wichtig, sich die Begleitumstände und -beschwerden anzusehen.

Bei folgenden Anzeichen ist Vorsicht geboten:

- *Unbeabsichtigter Gewichtsverlust:* Wenn Sie innerhalb von sechs Monaten mindestens zehn Prozent Ihres Körpergewichtes verloren haben und dies nicht durch Diät oder Aktivitätssteigerung erklärbar ist, dann sollten weitere Untersuchungen folgen. Unerklärter Gewichtsverlust kann darauf hindeuten, dass im Körper Prozesse ablaufen, die viel

Energie kosten und deswegen einen Abbau von Reserven nötig machen. Das können Entzündungen sein oder auch das Wachstum eines Tumors. Wenn diese Konstellation vorliegt, führt man in der Regel weitere Untersuchungen mit Blutkontrollen, Röntgen und Spiegelungen durch, um nichts zu übersehen.

- *Fieber und Nachtschweiß:* Ähnlich verhält es sich mit diesen beiden Beschwerden. Fieber über längeren Zeitraum und nächtliches Schwitzen können ebenfalls auf einen entzündlichen Prozess oder Tumorwachstum hindeuten und ziehen oben genannte Diagnostik nach sich, sofern auch sie nicht anders zu erklären sind, zum Beispiel durch einen akuten Infekt oder eine bereits diagnostizierte Erkrankung, die mit diesen Beschwerden einhergeht.
- *Rascher Beginn:* Wenn Fatigue plötzlich, insbesondere bei älteren Menschen, auftritt, die zuvor beschwerdefrei waren, ist auch das ein Warnhinweis. Hier sollte eine genauere internistische Abklärung erfolgen, zum Beispiel auch zum Ausschluss von Herzkreislauferkrankungen, die rasch voranschreiten können.
- *Vergrößerung von Lymphknoten und Blutungen:* Ähnlich wie bei Fieber können auch hier schwerwiegende Prozesse vorliegen, die eine weitere Abklärung nötig machen. Welche das sind, hängt auch davon ab, wo die Schwellung oder die Blutung auftritt.
- *Ödeme:* Wassereinlagerungen, die man als Schwellungen, die in der Regel über den Tag stärker werden, vor allem an den Knöcheln bemerkt, können darauf hindeuten, dass im Kreislaufsystem etwas nicht richtig funktioniert oder die Zusammensetzung des Blutes verändert ist. Das tritt zum Beispiel bei Erkrankungen des Herzens oder der Leber auf (Hui Ho & Zheng, 2022).
- *Neurologische Ausfälle:* Lähmungen und andere Bewegungsstörungen, Veränderungen in der Sensibilität oder das Auftreten von Krampfanfällen sind, wenn vorher nicht bekannt und eingeordnet, ebenfalls wichtige Warnzeichen, die auf neurologische Störungen hindeuten können (Ludwig et al., 2023)

Wenn bei Ihnen eines oder mehrere der Warnzeichen vorliegen und sie sich nicht sicher sind, ob dies abgeklärt wurde oder werden sollte, zögern Sie nicht, in Ihrer allgemeinärztlichen Praxis nachzufragen. Häufig werden diese Abwägungen mitgedacht und entschieden, ohne dass Ihnen das explizit mitgeteilt wurde. Dann ist es hilfreich, aktiv nachzufragen.

Neben den abwendbar gefährlichen Verläufen gibt es auch Gefahren, die aus der Fatigue selbst entstehen. Chronische Körperbeschwerden gehen mit einer deutlichen Verschlechterung der Lebensqualität einher. Andere Risiken von Fatigue entstehen durch die Veränderung von Verhalten und Lebensstil im Rahmen der Beschwerden. Dazu gehören zum Beispiel:

- *Psychische Folgen:* Begleitend oder in Folge leiden viele Betroffene unter einer Verschlechterung der Stimmung, bis hin zu Depression und lebensmüden Gedanken. Das Risiko von suizidalen Gedanken, bis hin zu Suizid ist bei chronischen Körperbeschwerden deutlich erhöht.
- *Soziale Folgen:* Fatigue führt nicht selten zu sozialem Rückzug. Erschöpfung erschwert die Kontaktpflege, manche Menschen vermeiden Kontakte auch aus Angst vor Überforderung. Zunächst kann dies Erleichterung bringen. Auch die Krankschreibung kann ein Faktor sein, der kurzfristig für Entlastung sorgt, langfristig aber das soziale Umfeld beschneidet. Einsamkeit ist ein großes Risiko chronischer Fatigue.
- *Körperliche Folgen:* Auch auf den Körper wirken sich die Veränderungen im Lebensstil aus. Zum Beispiel kann das Einführen von Tagschlaf oder vermehrter körperlicher Ruhe am Tag den Nachtschlaf stören und damit eine Kaskade lostreten, die bis zu einer Schlafstörung führen kann. Liegen und die Reduktion körperlicher Tätigkeit hat wiederum schwerwiegende Folgen auf den Stoffwechsel. Übergewicht, Veränderungen von Blutdruck und Blutzucker können die Folge sein. Langes Liegen birgt zusätzliche Gefahren, die akut lebensbedrohlich sein können. Besonders bei vorbestehenden Risikofaktoren kann sich beispielsweise eine tiefe Venenthrombose im Bein ausbilden, die wiederum die Gefahr einer Lungenembolie birgt.

Um einzuschätzen, wie und ob Ihre Fatigue gefährlich ist oder werden kann, braucht es neben der Abklärung der Begleitumstände der Fatigue auch die Feststellung der Folgen, die die Beschwerden für Sie nach sich ziehen. Besonders bei chronischer Fatigue unklarer oder komplexer Ursache spielen diese eine große Rolle und sollten nicht unterschätzt werden. Eben deswegen ist ein Ernst-Nehmen der Beschwerden, unabhängig von ihrer Ursache, und eine Behandlung so wichtig.

1.5 Fatigue durch die psychosomatische Brille

Bereits im Wort »Psychosomatik« selbst sind die Psyche und der Körper (= Soma) beinhaltet. Im Fachgebiet werden insbesondere diejenigen Krankheiten behandelt, bei denen beide an der Entstehung der Störung beteiligt sind, und diejenigen, für die es von Vorteil ist, wenn die Behandlung beide Bereiche miteinschließt. Grundlegend kann man diesen Ansatz mit dem sogenannten bio-psycho-sozialen Modell erklären. Dieses Modell wurde erstmals von George Engel beschrieben und seither oft zitiert. Es besagt, dass für die Entstehung und Aufrechterhaltung von Erkrankungen Faktoren aus den drei Bereichen biologisch, psychologisch und sozial enthalten sein müssen.

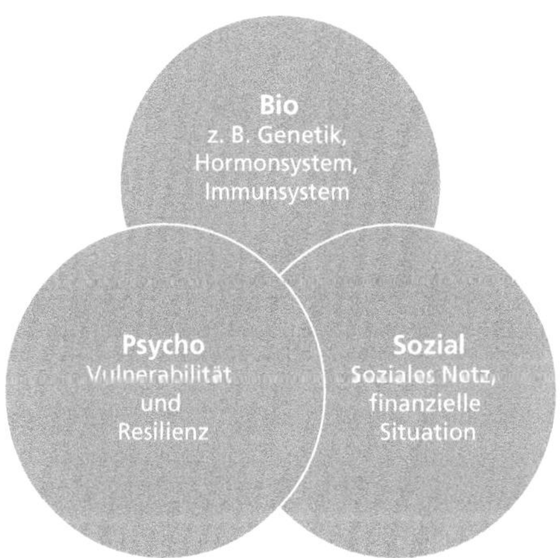

Abb. 1.5: Das Bio-psycho-soziale Modell

Leider genießt das Wort »psychosomatisch« in der deutschen Umgangssprache oft keinen besonders guten Ruf. Manchmal verwenden Menschen den Begriff als Synonym von »eingebildet« oder setzen ein »nur« voran, um zu verdeutlichen, dass es sich dabei um weniger ernste oder eben eingebildete Beschwerden handelt. Oft höre und lese ich Sätze wie den Folgenden:

> »Das sind ja keine psychosomatischen, sondern *echte* Beschwerden.«

In diesem Satz befindet sich eine Fehlinformation und eine Verunglimpfung. Letztere ist leicht zu erkennen. Aber auch sachlich ist die Aussage falsch. Wenn wir fachlich richtig eine Beschwerde als psychosomatisch einordnen, dann meinen wir, dass wir in den rein körperlichen Untersuchungsbefunden keine hinreichende Ursache für Auftreten und Intensität der Beschwerden finden können. Über Intensität und »Echtheit« der Beschwerde sagt das nichts aus. Erleben ist nicht messbar, sondern subjektiv, d. h. egal welche Tests gemacht werden, kann niemand objektiv, also von außen, feststellen, ob und zu welchem Grad Sie erschöpft sind. Natürlich gibt es Zustände, die erkennbar und messbar sind, die häufig mit Erschöpfung einhergehen. Aber auch deren Feststellung ist nicht gleichzusetzen mit Ihrer Beschwerde. Um diese zu erheben, muss man Sie fragen. Also ist richtig:
Psychosomatische Beschwerden sind echte Beschwerden.

Und:
Beschwerden sind unabhängig von ihrer Ursache immer subjektiv.

Insbesondere dann, wenn es nötig ist, etwas zu objektivieren, wird es deswegen schwierig. Zum Beispiel bei Gutachten, wie sie für die Rente oder auch manchmal in anderen rechtlichen Fragestellungen, erstellt werden. Hier ist es nötig, dass sich die begutachtende Person einen Eindruck verschafft und eine Einschätzung trifft, quasi ein Zeugnis abgibt, auf dessen Grundlage dann rechtliche Entscheidungen getroffen werden. Das geht beispielsweise bei Krebserkrankungen mit der Bestimmung des Stadiums oder auch bei orthopädischen bildlich darstellbaren Veränderungen am Bewegungsapparat noch recht leicht. Je weniger die Ursache der Einschränkung tatsächlich sichtbar ist, desto schwieriger wird es. Gutachter:innen greifen dann in der Regel auf Fragebogen zurück oder legen besonderen Wert darauf, Ihren Alltag anhand von konkreten Einschränkungen zu beschreiben.

Im Fall von Fatigue ist es besonders schwierig, etwas zu objektivieren. Sie ist von außen gänzlich unsichtbar. Stellen Sie sich vor, jemand würde sich größte Mühe geben, sich einen äußeren, also objektiven, Eindruck Ihrer Beschwerden zu verschaffen. Diese Person würde entweder den ganzen Tag neben Ihnen stehen oder ein ausgeklügeltes Überwachungssystem installieren müssen. Zusätzlich könnte die Person Ihnen vielleicht immer wieder Blut abnehmen oder Ihre Vitalzeichen kontrollieren. Und das alles vielleicht wochenlang. Wüsste die Person dann, wie es Ihnen gegangen ist? Vielleicht in Annäherung, aber vielleicht würden Sie auch den Bericht der Person entrüstet lesen und sich unverstanden fühlen: »Nur weil ich am Dienstag zehn Minuten länger spazieren war, ging es mir doch nicht besser. Ich hatte nur die Eier im Supermarkt vergessen.«

Neben der Schwierigkeit, Erleben zu objektivieren, sind auch die scheinbaren Grenzen gerade zwischen dem, was wir unter »biologisch« verstehen und dem, was wir unter »psychologisch« verstehen, immer weiter verschoben und aufgelöst worden. Durch die Darstellung funktioneller Prozesse im EEG oder fMRT, das bedeutet, dass Stoffwechselprozesse und elektrische Ladungen von Zellregionen sichtbar gemacht werden, ist es immer mehr möglich, mentale Prozesse tatsächlich abzubilden. Es ist damit zwar nicht möglich, Gedanken zu lesen, aber zumindest festzustellen, dass und in welchen Bereichen das Gehirn gerade aktiv ist. Gleichzeitig hat man in den letzten Jahrzehnten viel darüber gelernt, wie unsere sozialen Bedingungen und das, was wir psychisch erleben, unseren Körper nicht nur im Erleben, sondern auch in seiner Beschaffenheit beeinflussen. So weiß man mittlerweile auch, dass beispielsweise Psychotherapie auf zellulärer Ebene einen Einfluss auf Alterungsprozesse im Gehirn hat. Es wird dadurch immer schwieriger, diese Bereiche klar voneinander abzugrenzen. Vielleicht ist dies in ein paar Jahren bereits gar nicht mehr möglich oder sinnvoll. Für ein psychosomatisches Krankheitsverständnis ist es zumindest nicht nötig.

Als alternatives Modell schlage ich das in ▶ Abb. 1.6 Dargestellte vor. Am Beispiel von Fatigue kann das bedeuten:

- *Objektiv:* alles Messbare. z. B. somatische Befunde, die auf eine Störung hindeuten; auffälliges Schlaflabor; andere messbare Veränderungen wie zurückgelegte Schrittzahl, Blutdruck, Puls.
- *Subjektiv:* das Erleben betreffend. z. B. Qualität und Ausprägung der erlebten Erschöpfung, Gefühle, Affekte, Bewertungen, individuelle Bedeutung der Fatigue und Einschränkung.
- *Intersubjektiv:* die zwischenmenschliche Ebene. Einfluss von Beschwerden auf soziale Beziehungen und Umstände, Kommunikation, Einfluss sozialer Gegebenheiten auf Gesundheit und Krankheit.

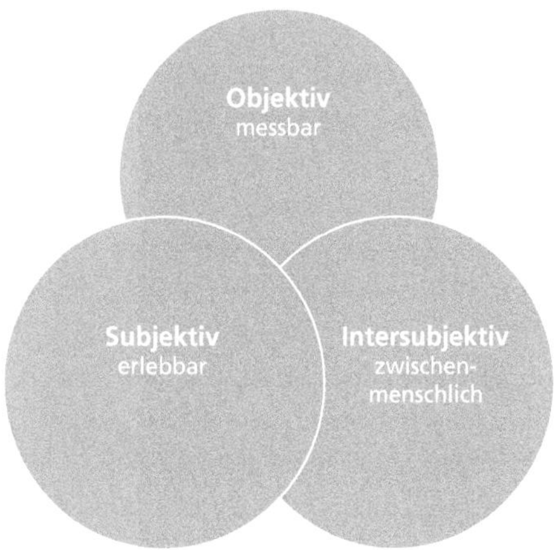

Abb. 1.6: Alternatives Modell der Dimensionen von Krankheit

Egal welches Modell Anwendung findet, das wichtige Fazit ist: Chronische Fatigue hat in allen Bereichen Faktoren, die zu den Beschwerden beitragen, sie aufrechterhalten, und andererseits auch Resilienz und Ressourcen, die gegen die Beschwerden helfen und den Umgang mit ihnen erleichtern.

1.5.1 Funktionelle Körperbeschwerden

Wenn man sich im ärztlichen Kontext damit beschäftigt, wie und warum Körperbeschwerden entstehen, macht man in der Regel zunächst eine

Reihe von körperlichen Untersuchungen. Neben der körperlichen Untersuchung mit den Sinnen (Tasten, hören, sehen), gehören dazu manchmal Untersuchungen des Blutes oder auch bildgebende und andere diagnostische Verfahren. Hier können sich Hinweise auf die Ursache ergeben. Manchmal erklären die so erhobenen Befunde jedoch nicht oder nicht hinreichend die Beschwerden und ihr Ausmaß.

Bei dieser Art von Beschwerden spricht man von funktionellen Körperbeschwerden. Der Begriff beschreibt, dass eine Beeinträchtigung der Funktionsweise vorliegt. Das kann eine motorische Einschränkung, eine Veränderung der Empfindung oder auch Missempfindungen wie Schmerzen, Schwindel oder eben Fatigue sein. Der Gegenbegriff zu »funktionell« ist »strukturell«. Bei einer strukturellen Störung liegt eine darstellbare Störung der Integrität des Körpers vor, die die Beschwerden erklärt, also zum Beispiel Schmerzen nach Beinbruch. Wie diese funktionellen Störungen entstehen, ist noch nicht gut verstanden. Früher dachte man, dass es sich dabei um nicht verarbeitete, psychische Konflikte handelt, die so zutage treten. Dies ist vermutlich stark vereinfacht. Es ist wahrscheinlich, dass es sich um Verarbeitungsstörungen im Gehirn handelt, also am selben Ort, an dem auch psychische Prozesse ablaufen. Dennoch ist es wichtig zu wissen, dass funktionelle Körperbeschwerden dem Willen nicht zugänglich oder kontrollierbar sind. Sie sind nicht eingebildet, sondern folgen vermutlich nur auf einen anderen Mechanismus. Ein nicht gebrochenes Bein kann also genauso schmerzen wie ein gebrochenes.

Die Unterscheidung zwischen funktionellen und strukturellen Störungen kann man vielleicht technisch mit Funktionsstörungen an einem Computer vergleichen. Während bei strukturellen Störungen etwas an der Hardware nicht stimmt, weil vielleicht etwas durchgebrannt ist oder einfach der Stecker nicht steckt, betreffen funktionelle Störungen eher die Software. Alle Teile sind vorhanden und funktionieren unabhängig voneinander, aber das Zusammenspiel ist gestört. So kann man sich auch die unterschiedlichen Herangehensweisen in der Behandlung erklären. Während bei der strukturellen Störung etwas wieder zusammen oder auseinander gebracht oder gar ausgetauscht werden muss, ist die Arbeit an der funktionellen Störung oft kleinteiliger und diffiziler. Hier muss man oft etwas ausprobieren oder gar einen ganz neuen Lernprozess anstoßen.

Es ist also normal, vieles auszuprobieren, was weniger gut funktioniert und auch das bringt weiter. Diese Prozesse brauchen Zeit. In ▶ Kap. 3.2 wird das Vorgehen in der psychosomatischen Medizin genauer beschrieben.

Bei chronischer Fatigue spielen häufig mehrere Prozesse eine Rolle, oft auch funktionelle. Es ist schließlich auch möglich, dass ein vorübergehendes Problem in der Hardware zu einer bleibenden Störung der Software führt. In diesem Fall ist zwar die Ursache gegebenenfalls strukturell, die Beschwerden benötigen aber einen anderen Therapieansatz. Ein Beispiel kann Fatigue nach einer Infektionserkrankung sein. So kann die Infektion zunächst auslösend für die Fatigue sein. Nach Ausheilen der Infektion kann die Fatigue jedoch bestehen bleiben. Die Infektion zu bekämpfen ist dann keine nötige oder hinreichende Maßnahme mehr, die Beschwerden in den Griff zu bekommen. Die gute Nachricht ist aber: Bei chronischen Körperbeschwerden kommen grundsätzlich multimodale Therapien zum Einsatz, das bedeutet eine Kombination aus unterschiedlichen Herangehensweisen. Diese Breite ermöglicht es, möglichst alle Einflussfaktoren zu berücksichtigen. Es ist deswegen nicht nötig, schon vorher genau zu wissen, was die Beschwerden ausgelöst hat und was sie aufrechterhält.

1.6 Welche Messinstrumente gibt es?

Wie kann Fatigue gemessen werden? Wie in den vorangehenden Kapiteln beschrieben, gibt es viele ähnliche Begriffe, unter denen Menschen mitunter etwas anderes verstehen, was es schwer macht, sich auf eine Sprache und damit auch auf einen Test zu einigen. Um zu wissen, wie man Fatigue messen und beschreiben kann, muss man zuerst wissen, was darunter verstanden wird.

Es gibt keinen Biomarker für Fatigue, also eine objektive oder apparative Messung, wie zum Beispiel des Blutdrucks über ein entsprechendes Messgerät. So ein Marker ist nur dann denkbar, wenn man vorher wirklich gut verstanden hat, wie Fatigue erlebt wird und dies wirklich abbilden kann. Bis dahin steht das Erleben und dessen Abfrage im Vordergrund.

Weil Fatigue ein häufiges Phänomen ist und in den letzten Jahrzehnten als Symptom immer mehr an Bedeutung gewann, gab es immer mehr Druck, ein entsprechendes Werkzeug an der Hand zu haben. So musste man sich dieser Aufgabe stellen und Fragebogen entwickeln. Solche Messinstrumente werden dann darauf überprüft, ob sie das messen, was sie messen sollen und auch dahingehend überprüft, ob die Fragen klar genug sind und andere Aspekte abfragen, also nicht redundant sind.

Dabei gibt es die Unterscheidung in ein- und mehrdimensional. Eindimensional bedeutet in diesem Fall, dass die Fatigue quantifiziert dargestellt wird (wenig bis viel). Wie auf einem Thermometer oder einem Maßband. Vielleicht kennen Sie diese Herangehensweise von anderen Beschwerden wie Schmerzen. Hier wird oft eine numerische Ratingskala (Schmerzen bewerten von 0 = kein Schmerz bis 10 = maximaler Schmerz) oder eine visuelle Analogskala (Bilder von Gesichtern, deren Mimik analog die Schmerzintensität darstellen) verwendet. Diese Art zu messen ist einfach umzusetzen und schnell erklärt. Dies kann für Verlaufsabfragen genug sein.

In Studien kommen häufig mehrdimensionale Fragebogen zum Einsatz. Mehrdimensional bedeutet, dass mehr Information enthalten ist und abgefragt werden kann, es werden also unterschiedliche Seiten von Fatigue und deren Intensität gemessen. Zum Beispiel gibt es manchmal die Unterscheidung in körperliche und mentale Fatigue. So kann man diese Dimensionen auch unterschiedlich betrachten: Person A könnte also zum Beispiel vor allem mental erschöpft sein, während Person B eher körperliche Müdigkeit spürt. Diese Unterscheidung geht in einer eindimensionalen Abfrage natürlich verloren. Für Fatigue gibt es immer mehr solche Werkzeuge, die jedoch unterschiedliche Facetten hervorheben und unterschiedlich gut untersucht sind (Machado et al., 2021).

Zwei gängige, denen Sie vielleicht schon begegnet sind, sind:

- *Chalder Fatigue Scale:* Dieser Fragebogen (1993) besteht ursprünglich aus 14 Fragen und ist speziell für die chronische Fatigue entwickelt. Für diesen Fragebogen wird mentale von körperlicher Fatigue unterschieden. Jede Frage ist geschlossen gestellt, Antworten werden anhand von

Abstufungen gegeben (viel besser/besser/schlechter/viel schlechter als üblich) (Chalder et al., 1993). Sie ist vermutlich der am häufigsten genutzte Fragebogen im Zusammenhang mit Chronic Fatigue Syndrom oder auch Fatigue nach COVID-Infektion. Es wird dabei zwischen körperlicher und mentaler Fatigue unterschieden. Beides wird erhoben, kann aber auch getrennt voneinander bewertet werden. Die deutsche Version mit 11 Fragen lautet wie folgt:
- Ist Müdigkeit ein Problem für Sie?
- Müssen Sie sich öfter ausruhen?
- Fühlen Sie sich müde oder schläfrig?
- Haben Sie Schwierigkeiten, Dinge in Angriff zu nehmen?
- Ätiologische Studien: Mangelt es Ihnen an Energie?
- Haben Sie weniger Kraft in Ihren Muskeln?
- Fühlen Sie sich schwach?
- Fällt es Ihnen schwer, sich zu konzentrieren?
- Passieren Ihnen Versprecher beim Reden?
- Fällt es Ihnen schwer, klar zu denken?
- Wie ist Ihr Gedächtnis? (Martin et al., 2010)

• Die *Checklist individual Strength* (CIS) wurde 1994 entwickelt und beruht auf einer groß angelegten Untersuchung von Menschen mit CFS im Vergleich mit anderen Störungen und der Allgemeinbevölkerung. Daraus entstanden unterschiedliche Dimensionen, die abgefragt werden sollen, diese sind:
  - Subjektives Erleben der Fatigue,
  - Konzentrationseinschränkungen,
  - Motivation für Aktivitäten,
  - Körperliche Aktivität.

Mit diesem Fragebogen sollen alle, für die Beschwerde relevanten Bereiche abgefragt werden, sowohl Erleben als auch Verhalten. Er soll damit ein möglichst differenziertes Bild der Beschwerdesituation liefern. Der Fragebogen enthält insgesamt 20 Fragen (Vercoulen et al., 1994).

1.7 Wie kann ich Forschungsergebnisse selbst bewerten?

Auch für Menschen, die selbst wissenschaftlich arbeiten oder ausgebildet sind, ist es nicht immer leicht, Studienergebnisse richtig zu bewerten. Ärzt:innen und andere Personen, die Behandlungen nicht nur wissenschaftlich bewerten, sondern auch empfehlen oder gar selbst anbieten, können auch befangen sein, wenn es um eine nüchterne Einschätzung der Wirksamkeit geht. Deswegen ist es insbesondere für Menschen, die sich aufgrund chronischer Krankheit viel und intensiv im Medizinsystem bewegen, wichtig, auch selbst ein Stück weit in der Lage zu sein, die Qualität wissenschaftlicher Erkenntnis zu beurteilen. So können Sie auch gezielter nachfragen, worauf Empfehlungen und Nichtempfehlungen begründet sind.

Forschung in der Medizin beantwortet unterschiedliche grundlegende Fragen. Dazu gehört zum Beispiel das Erkennen von Zusammenhängen, die zu Erkrankungen führen (Ätiologie = Herkunft). Im klinischen Kontext werden häufig Studienergebnisse verwendet und zitiert, die sich mit der Wirksamkeit von Therapien auf Symptome und Krankheiten beziehen (Therapiestudien). Auch hier gibt es unterschiedliche Ansätze. Therapien können direkt in den Mechanismus der Erkrankung eingreifen, wenn dieser gut verstanden ist. So verhindern beispielsweise Antibiotika das Wachstum von Bakterien und stoppen damit die Infektion, die zu den dazugehörigen Symptomen führt. Schmerzmittel dagegen wirken auf die Entstehung und Aufrechterhaltung der Beschwerde ein, mehr oder weniger unabhängig von der Beschwerdeursache.

1.7.1 Ätiologische Studien

Wenn noch nicht ausreichend klar ist, wie Krankheiten oder Beschwerden entstehen, sind Studien wichtig, die dazu Hinweise liefern. Der Begriff »Ätiologie« bedeutet »Herkunft«. Diese zu klären ist für Betroffene oft wichtig. Von ihr leiten sich in der Regel Behandlungsstrategien ab. Wenn wir davon ausgehen, dass Knieschmerzen einem Knochen- oder Knorpelschaden zuzuschreiben sind, dann erwarten wir uns Verbesserung durch einen operativen Eingriff. Wenn wir dagegen davon ausgehen, dass eine Entzündung besteht, geht es vielleicht eher um Kühlung, Ruhe oder Medikamente.

Bevor man verstehen kann, wie ein Krankheitsbild entsteht, muss man meist die Krankheit und von ihr Betroffene gut beobachten. Dann erkennen die Forschenden Muster und oder haben Vermutungen, denen sie nachgehen. Während bereits bei Einzelfällen und Studien an nur wenigen Betroffenen Vermutungen aufgestellt werden können, braucht es für tatsächliche Nachweise größere Fallzahlen. Wenn man noch wenig Ahnung hat, woher etwas kommt, dann werden oft sehr viele unterschiedliche Daten erhoben. Also zum Beispiel unterschiedliche Laborwerte, soziodemographische Daten und Angaben aus der Krankengeschichte. Es wird dann statistisch berechnet, wie die einzelnen Faktoren mit dem Auftreten der Beschwerde oder der Krankheit zusammenhängen. Dazu nutzt man oft sogenannte Korrelationen. Sie geben Aufschluss darüber, wie zwei Dinge miteinander zusammenhängen und wie eng dieser Zusammenhang ist. Wenn der Zusammenhang eng ist, dann geht man davon aus, dass die Wahrscheinlichkeit, dass dieser rein zufällig ist, gering ist. Man spricht dann von einem signifikanten Zusammenhang.

Zum Beispiel: Bei Grundschüler:innen soll festgestellt werden, welche Faktoren die wöchentlich verzehrte Süßigkeitenmenge beeinflussen. Es werden sehr viele unterschiedliche Dinge bestimmt und Zusammenhänge (Korrelationen) untersucht. Ein dabei gefundener Zusammenhang ist: je größer die Schultasche, desto mehr Süßkram. Dieser Zusammenhang ist in der Berechnung bei dieser Gruppe an Schülern statistisch signifikant. Was bedeutet das nun? Die Forschenden dieser fiktiven Studie wollten ja wissen, warum manche Schüler:innen mehr und andere weniger essen, vielleicht um dieses Verhalten besser verstehen und beeinflussen zu können. Jetzt haben sie diesen Zusammenhang gefunden. Bedeutet das nun, dass sie mehr Süßigkeiten essen, *weil* sie einen größeren Rucksack haben? Das könnte sein. Vielleicht passt in die Tasche dann mehr Schokolade rein. So könnte es dazu kommen. Dann wäre die Taschengröße *kausal* für den Süßkonsum. Tatsächlich könnte dieser Zusammenhang auch umgekehrt sein, also dass der hohe Süßkonsum zur Rucksackgröße führt, also zum Beispiel, weil Platz für Schokolade benötigt wird. Es könnte auch sein, dass es einen dritten Faktor gibt, der sowohl für große Taschen als auch viel Süßes sorgt. Das könnte zum Beispiel das Einkommen der Eltern sein, sprich: reiche Eltern kaufen den Kindern viel Süßes und große Rucksäcke. Natürlich rein hypothetisch. Viertens kann dieser Zusammenhang auch zufällig sein. Dann könnte man diesen Zusammenhang wahrscheinlich in einer anderen Schule nicht finden. Die Signifikanz zeigt, dass dies nicht sehr wahrscheinlich ist, es ist aber immer möglich.

In großen Studien werden so allerlei Faktoren herangezogen und ihr Zusammenhang untersucht. Je mehr man dabei misst, desto größer ist auch die Wahrscheinlichkeit, dass man einen »Treffer« landet, also dass man eine solche Korrelation findet wie im oben genannten Beispiel. Das kann sehr wertvoll sein, *beweist* aber in der Regel keine Kausalität. Um diese nachzuweisen kann man beispielsweise eine Intervention nutzen, das heiß ein Experiment machen, bei dem man einen Faktor gezielt verändert, also z. B.: eine Gruppe von Schüler:innen erhalten große Rucksäcke, eine andere kleine oder mittlere. Man wartet einen gewissen Zeitraum ab du schaut dann noch mal nach, wieviel Süßes jetzt gegessen wird. Wenn der Zusammenhang jetzt besteht, dann kann man eine Kausalität vermuten. Manchmal ist es nicht möglich oder ethisch zulässig eine solche Intervention zu prüfen. Manchmal wird dieser Zusammenhang dann an Zellen im Labor oder an Tieren erforscht. In Studien mit Menschen ist wichtig, sich Gedanken über mögliche Störfaktoren (wie im Beispiel: Einkommen der Eltern) zu machen. In einer zweiten Studie kann dies dann überprüft werden.

In Medienberichten über Studien werden solche Zusammenhänge leider oft sehr aufgeblasen, sodass Dinge schnell »gezeigt« oder »bewiesen« sind, wo man bei genauer Betrachtung nur einen leisen Hinweis findet.

1.7.2 Therapiestudien

Therapiestudien sollen die Frage beantworten, ob eine bestimmte Therapie in Hinblick auf eine Krankheit wirksam ist und wie groß dieser Effekt ist. Studiendesigns sollen dabei grundsätzlich so gestaltet sein, dass die Fehler, die diese Beurteilung erschweren können, minimiert werden.

Fehler können zum Beispiel durch die Auswahl von Studienteilnehmer:innen entstehen. Wenn diese zum Beispiel überwiegend männlich und jung und weniger schwer betroffen sind, die Krankheit aber vor allem ältere Frauen mit vielen Erkrankungen betrifft. In diesem Fall entsteht bereits durch das Studiendesign eine Einschränkung dessen, wie aussagekräftig das gemessene Ergebnis ist. Auch können Faktoren vorliegen, die vielleicht nicht berücksichtigt wurden, das Ergebnis allerdings beeinflussen. Lebensstilfaktoren wie Bewegung oder Ernährung, oder auch Vor- und Begleiterkrankungen beeinflussen Beschwerden und ihren Verlauf erheblich und können auch Therapieeffekte beeinflussen. In beide Richtungen. Manche Beschwerden und Krankheiten werden auch ohne äußere Einflussnahme besser. So klingen virale Erkältungskrankheiten im Regelfall spontan wieder ab. Möchte man also zum Beispiel untersuchen, ob Tee mit Honig einen Effekt hat, dann reicht es nicht, allen Teilnehmenden Tee mit Honig zu reichen und aus der Besserung, die auch ohne Tee eingetreten wäre, auf dessen Wirksamkeit zu schließen.

Diese Fehlerquellen sollten also bereits bei der Planung mitgedacht werden, spätestens jedoch bei der Beurteilung der Ergebnisse durch die Forschenden. Bei Therapiestudien können folgende Formen unterschieden werden:

- *Studien ohne Vergleich:* Zum Beispiel Fallstudien oder Fallserien. Hier werden Verläufe bei einzelnen oder mehreren Betroffenen »nacherzählt«, bei denen eine bestimmte Behandlung angewendet wurde. Dies ist insbesondere dann interessant, wenn die Behandlung noch wenig erforscht ist und noch unklar ist, ob diese Behandlung eine Wirkung haben kann. Der Nachweis von Wirksamkeit ist durch dieses Design nicht möglich.
- *Fallkontrollstudien*: Hier findet ein Vergleich zwischen Betroffenen, die eine Maßnahme erhalten haben oder eine bestimmte Eigenschaft haben (»Fällen«), und denjenigen, die sie nicht erhalten haben oder sich in der Eigenschaft unterscheiden (»Kontrollen«), statt. Dies erfolgt häufig rückblickend, das heißt stattgehabte Behandlungen werden miteinander verglichen. Dieser Studientyp wird auch verwendet, um Hinweise auf den Auslöser einer Erkrankung zu finden. In diesem Fall ist die untersuchte Eigenschaft das Vorliegen der Erkrankung. Auch

durch dieses Studiendesign ist der Nachweis von Therapiewirksamkeit nicht möglich.

- *Kohortenstudie*: Hier wird eine Gruppe von Menschen (»Kohorte«) beobachtet und mit einer Kontrollgruppe verglichen. Beide Gruppen unterscheiden sich hinsichtlich eines vorgegebenen Merkmals, wie z. B. einer Erkrankung oder einer Behandlung, die die Testgruppe erhält. Im Gegensatz zur Fallkontrollstudie ist die Kohortenstudie prospektiv, das bedeutet, dass die Studie erst geplant wird und dann erst im Rahmen der Studie die Daten erhoben werden. Dadurch können die Forschenden genau festlegen, welche Informationen ihnen wichtig sind und wie sie die Gruppen gut festlegen und unterscheiden können. Kohortenstudien können die Wirksamkeit einer Therapie nicht beweisen.
- *Vergleichende Studien ohne Randomisierung*, (siehe randomisiert-kontrollierte Studien). Der Unterschied besteht darin, dass hier die Zuteilung nicht zufällig, sondern nach einem festgelegten Muster getroffen wird. Das kann manchmal nötig sein, beispielsweise wenn es unethisch wäre, zufällig zuzuteilen. Dies führt dazu, dass im Rahmen dieser Studien kein sicherer Wirkungsnachweis möglich ist.
- *Randomisiert kontrollierte Studien (randomized controlled trial = RCT):* Auch hier werden prospektiv Daten erhoben. Dabei wird die Gruppe, die eine bestimmte Therapie erhält, mit mindestens einer anderen Gruppe verglichen. Diese Kontrollgruppe erhält manchmal (noch) keine Behandlung oder auch die übliche Behandlung ohne die besondere Therapiemaßnahme (»treatment as usual«), die untersucht werden soll. Manchmal wird auch mit Placebo verglichen (siehe unten), da man weiß, dass es einen erheblichen Effekt hat, jemanden überhaupt zu behandeln, als gar nicht zu behandeln. »Randomisiert« bedeutet in diesem Zusammenhang, dass die eingeschlossenen Teilnehmenden nach dem Zufallsprinzip einer der Gruppen zugeordnet werden. Gerade bei Placebogabe ist es in der Regel wichtig, dass weder die Teilnehmenden noch die Untersuchenden wissen, was sie gerade erhalten oder aushändigen, also »verblindet« werden. Das ist natürlich nicht bei allen Therapien gleich gut möglich, ist aber ein wichtiges Kriterium, um möglichst auszuschließen, dass das Wissen um die Gruppenzugehörigkeit die Ergebnisse beeinflusst. Wenn alle Kriterien eingehalten

werden, können RCTs tatsächlich als Beleg der Wirksamkeit einer Therapie dienen (Gibis & Gawlik, 2001).

Begriffserklärung

Häufige Begriffe im Zusammenhang mit klinischer Forschung und ihre Bedeutung:

- *Ätiologie:* Mechanismus der Entstehung von Krankheit oder Beschwerden.
- *Intervention:* Maßnahme, die auf eine Veränderung abzielt, z.B. Therapie/Medikation/Operation.
- *Randomisierung:* Zufällige Zuteilung zu einer Gruppe oder einem Studienarm.
- *Retrospektiv:* Rückblickend. Die Forschung bezieht sich auf bereits vorhandene Daten.
- *Prospektiv:* Vorausschauend. Erst nach Planung des Forschungsansatzes beginnt man, Daten zu erheben.
- *Treatment as usual:* Manchmal auch »TAU«. Bezeichnet die übliche Therapie einer bestimmten Störung, oft in Abgrenzung zu einer neuen Methode.
- *Signifikant:* Die Ergebnisse mehrerer Gruppen werden miteinander verglichen. Bei einem signifikanten Unterschied ist die Wahrscheinlichkeit hoch, dass dieser nicht rein zufällig ist.

Tipp: Studien in internationalen Fachzeitschriften sind in der Regel in englischer Sprache verfasst. Oft werden diese journalistisch aufgegriffen und ausgewählte Inhalte wiedergegeben. Wenn Sie die Studie an sich lesen oder darin etwas nachsehen wollen, nutzen Sie Übersetzungstools, bei denen Sie ganze Textpassagen in Sekunden übersetzen können. Hier gibt es viele unterschiedliche Anbieter, die allesamt nichts kosten.

Die unterschiedlichen Studientypen zu kennen, hilft, kritisch zu überlegen, ob durch eine Studie tatsächlich der Beweis möglich ist, den die

Studie angibt. Bei noch sehr jungen Therapieformen gibt es häufig noch keine Vergleichsstudien oder zumindest noch keine RCTs. Es kann also sein, dass der Effekt, der in einer kleinen Gruppe von Personen ohne Kontrollgruppe gezeigt wird, einer Prüfung tatsächlich standhält, das ist aber noch spekulativ. So werden Therapien, die (noch) keinen Wirkungsnachweis erbracht haben, im Regelfall nicht von Krankenkassen bezahlt oder von Ärzt:innen nur zurückhaltend empfohlen.

Dabei ist nicht nur wichtig, ob etwas wirkt, sondern auch wie groß der Effekt ist. Es wird dabei oft von »signifikanten« Unterschieden gesprochen. Das heißt, dass ein statistischer Test ergeben hat, dass die Unterschiede zwischen den Gruppen mit hoher Wahrscheinlichkeit nicht rein zufällig sind. Denn der Zufall ist natürlich immer dabei.

Wenn bei einer Therapiestudie die Unterschiede also signifikant sind, dann geht man von einer Wirkung aus. Das bedeutet aber nur, dass es einen Effekt gibt und sagt noch nichts über dessen Größe aus. Zum Beispiel könnten Sie ein Mittel gegen Fieber untersuchen und feststellen, dass durch Gabe Ihres Mittels die durchschnittliche Körpertemperatur von 41 auf 40 Grad Celsius senkt. Das haben Sie als signifikanten Unterschied ausgerechnet, weil durch Placebo keine Änderung messbar war. Aber auch nach der Gabe haben Ihre Versuchspersonen weiterhin Fieber, vielleicht bemerken sie den Unterschied auch gar nicht. Es ist also nicht nur wichtig zu wissen, ob eine Therapie wirkt, sondern auch, wie groß die Wirkung ist.

Mit dem Ausmaß dieser Wirkung beschäftigt sich die sogenannte Effektstärke. Je nach Studien und durchgeführten Berechnungen kann diese unterschiedlich angegeben sein. Häufig wird die von Cohen eingeführte Einteilung verwendet, die Effekte in kleine, mittlere und große einteilt. Dies erlaubt eine leichtere Interpretation, es ist aber dennoch nötig, diese Effekte mit bestehenden und ähnlichen Therapien zu vergleichen (Wirtz, 2021).

1.7.3 Klinische Leitlinien

Auch für das Erstellen von Leitlinien sind das Sammeln und die Bewertung wissenschaftlicher Erkenntnisse wichtig. Klinische Leitlinien sind fachliche Leitfäden für medizinisches Personal zu bestimmten Erkrankungen, Syndromen oder Therapien. Es gibt auch eine Leitlinie für »Müdigkeit«. An diesen Leitlinien sollen Ärzt:innen ihre Diagnostik und Behandlung ausrichten. Sie können sich aber auch entscheiden, das nicht zu tun. Dafür gibt es dann in der Regel Gründe. Leitlinien werden verfasst von medizinischen und manchmal auch anderen Interessengruppen, wie zum Beispiel Selbsthilfegruppen. Es ist auch daher nicht immer ganz einfach, sich auf gemeinsame Empfehlungen zu einigen.

Das Erstellen solcher Leitlinien nimmt Zeit in Anspruch. Dazu gehört, Wissen zu einem Thema zusammenzutragen, dieses zu bewerten und darauf aufbauend Empfehlungen abzuleiten. Diese sollen sich auf diese Erkenntnisse berufen und nicht einfach »Pi-mal-Daumen« sein. Das nennt man dann evidenz-basiert. Die gefundenen Studien werden dann bewertet. Dabei ist die Studienform entscheidend. Also zum Beispiel die Frage, ob es zu einer Therapie bereits RCTs gibt. Dabei ist natürlich nicht nur interessant, wie viele Studien es gibt und deren Qualität. Die Studienergebnisse sollten sich auch einig sein, das heißt, in dieselbe Richtung weisen. Wenn es ausreichend Studien gibt, dann ist es nicht so schlimm, wenn eine Studie keine Wirkung zeigen konnte, wenn die überwiegende Studienlage an den meisten Proband:innen eine Wirkung zeigt. Eine Möglichkeit, sich einen Überblick zu verschaffen, kann sein, die Ergebnisse von ähnlichen Studien zusammenzuwerfen so als wäre es eine einzige Studie mit einer großen Zahl an Proband:innen und dann noch einmal nachzurechnen, ob und welcher Effekt dann gezeigt wird. Das nennt man dann eine Metaanalyse, also eine Analyse auf einer darüberstehenden Ebene.

Die Forschung schreitet immer weiter voran und die Ergebnisse sind oft nicht so, dass man mit an Sicherheit grenzender Wahrscheinlichkeit etwas feststellen kann. Leitlinien geben deswegen nicht nur Empfehlungen, sondern geben zusätzlich an, wie sicher und auf welcher Grundlage diese sind. Manchmal gibt es zu einer bestimmten Fragestellung noch nicht genügend Studien, aber es gibt Hinweise, dass etwas hilfreich sein kann. Auch Expert:innenmeinungen können Grundlage von Empfehlungen sein. Dann wird das auch entsprechend formuliert. Also zum Beispiel: Tee mit Honig kann bei Fieber helfen. Bei der Empfehlung wird auch berücksichtigt, ob die Therapie theoretisch schaden kann. Das ist in diesem Fall eher unwahrscheinlich. Ärzt:innen können auf dieser Grundlage also entscheiden, ob sie diese Therapie durchführen oder nicht (Muche-Borowski & Kopp, 2011).

1.7.4 Immer mit dabei – der Placeboeffekt

Sie haben bestimmt schon einmal von Placebo oder dem Placeboeffekt gehört. Vielleicht wiederum mit dem Wort »nur« davor: »Das ist nur ein Placebo«. Das Wort Placebo kommt aus dem Lateinischen und bedeutet »ich werde gefallen«. Unter einem Placebo verstehen wir eine Behandlung ohne Wirkstoff. Es kann sich dabei um Medikamente handeln, die dann ohne Wirkstoff oder fast ohne Wirkstoff hergestellt werden, oder auch um Eingriffe, die vorgetäuscht oder so abgewandelt werden, dass eine Wirkung eigentlich nicht zu erwarten wären. Dennoch wirken diese Behandlungen im Hinblick auf viele Beschwerden besser als gar keine Behandlung. Es gibt sogar das umgekehrte Phänomen: Menschen, die eine Placebobehandlung erhalten, berichten nicht nur von einer als positiv wahrgenommenen Wirkung, sondern häufig auch von Nebenwirkungen, also unangenehmen Auswirkungen. Hier spricht man manchmal vom Noceboeffekt, also der Umkehr des Placeboeffektes, der vermutlich auf gleichem Wege geschieht (Breidert & Hofbauer, 2009).

Aber warum ist das so? Man geht davon aus, dass unsere Vorannahmen und -einstellungen, bewusst und unbewusst, die Wirksamkeit eines Placebos beeinflussen. Das heißt, dass wir mit dem Glauben in die Behandlung gehen, dass die Therapie wirksam ist. Dieser Glaube entsteht aus unserer Biografie, unseren eigenen individuellen Erfahrungen, die wir auch nur zum Teil bewusst reflektieren können, aber auch aus Elementen der Beziehung zwischen uns und der behandelnden Person. Aber auch die Beschaffenheit des Mittels hat einen Einfluss. So wirken beispielsweise rote Tabletten besser als blaue Tabletten (jeweils ohne Wirkstoff). Außerdem ist wohl bedeutsam, wie die Maßnahme erfolgt. Das kann daran liegen, dass diese Farben unterschiedliche Dinge für uns bedeuten oder andere Prozesse in uns auslösen. Noch besser als Tabletten oder andere einnehmbare Medikation wirken invasive Prozeduren, also solche, bei denen etwas in den Körper eingeführt wird, entweder operativ, durch Injektion oder durch das Einführen in eine bestehende Körperöffnung.

Auf Grundlage dieser Vorerfahrungen und Rahmenbedingungen entstehen Erwartungen, die nun um einiges leichter zu reflektieren und damit auch zu erforschen sind. Den Zusammenhang zwischen der Erwartung eines Effektes und einem tatsächlichen Effekt konnte mehrfach gezeigt werden. Es wird vermutet, dass körpereigene Motivationssysteme, die über Dopamin oder Endorphine vermittelt werden, eine Rolle für den Effekt spielen (Liu, 2022).

Kann Placebo alles heilen? Vermutlich geht der Effekt nicht so weit. Placebos wirken nicht bei allen gleich und auch nicht auf alle Endpunkte hin gleich. Sie sind wirkungsvoller, je größer der subjektive Anteil der Störung (wie zum Beispiel bei chronischen Körperbeschwerden wie Schmerz, Juckreiz oder auch Fatigue), beeinflussen also wahrscheinlich vor allem Prozesse, die unsere Wahrnehmung betreffen. Weniger oder gar nicht wirken Placebos auf messbare Werte hin, wie zum Beispiel Blutdruck oder Laborwerte. Gut untersucht ist Placebo zum Beispiel bei Schmerzen, wo es im Vergleich einen großen Effekt hat (Breidert & Hofbauer, 2009). Für Fatigue gibt es zwar weniger Studien, aber auch hier konnten bereits Placebowirkungen gezeigt werden, wie beispielsweise in einer Studie über Fatigue bei Krebs, bei der das Placebo sogar »open label« verabreicht wurde. Das bedeutet, dass die Proband:innen wussten, dass sie mit Placebo behandelt wurden. Dennoch konnte hier eine Wirkung auf das Fatigueerleben gezeigt werden (Zhou et al., 2019).

Da der Placeboeffekt sich über Umstände vermittelt, die bei einer Therapie mit Wirkstoff auch vorhanden sind, wie unsere Vorerfahrungen, Beziehungen und Kontext, kann man davon ausgehen, dass auch hier ein Teil der Wirkung diesem Effekt zuzuschreiben ist. Also, wenn ich ein Ibuprofen gegen meine Kopfschmerzen nehme, dann wirkt das Ibuprofen vermutlich auf die Kopfschmerzen, aber eben auch meine Erwartung, dass es das tut. Über die Forschung am Placeboeffekt hat die Medizin viel über die Bedeutung der Beziehung zwischen Patient:innen und Ärzt:innen gelernt und auch darüber, wie komplex und wichtig unsere Wahrnehmung für das Entstehen und die Behandlung von Beschwerden wie Fatigue ist.

2 Über Fatigue sprechen – Zwischenmenschliches

Warum ist ein Teil dieses Buches der Kommunikation gewidmet und warum ist dies ein wichtiger Teil im Umgang mit Fatigue? Fatigue ist eine bunte und individuelle Beschwerde, die meist unsichtbar ist. Fatigue betrifft auch körperlich sichtbar erkrankte Menschen, dennoch bleibt die Einschätzung von außen nur eine Mutmaßung. Es gibt keine sogenannten Biomarker, kein objektives Maß, keine wirklich valide Möglichkeit die Fatigue des Einen mit der Fatigue des Anderen zu vergleichen. Für Diagnostik und Therapie, aber auch im Alltag, ist es dennoch wichtig, das Subjektive dennoch für Andere sichtbar und begreifbar zu machen. Das mag vielleicht erst einmal wie ein Allgemeinplatz klingen: Über Beschwerden sprechen? Das mache ich doch eh die ganze Zeit, darüber muss ich doch kein Buch lesen! Aber vielleicht ist Ihnen aufgefallen, dass es gar nicht so leicht ist. Dass es viel Geduld verlangt, oft von beiden Seiten, um effektiv über Fatigue zu sprechen. Und dass es vielleicht manchmal eine neue Strategie oder eine andere Perspektive braucht.

Zum anderen führt Fatigue, vor allem dann, wenn sie chronisch ist, zu Einsamkeit und zu einer Veränderung oder gar dem Verlust von Beziehungen. Beziehungen, ihre Qualität oder auch ihr Vorhandensein und Fehlen beeinflussen wiederum massiv unsere Gesundheit und können sich sowohl fördernd als auch nachteilig für Ihren Weg mit Fatigue auswirken. Dieses Kapitel soll Ihnen hilfreiche Ansätze bieten, die Ihre Beziehungen und Ihr Wohlbefinden im Kontakt bereichern.

2.1 Grundlegendes

Ziel dieses Kapitels ist es, grundlegende Theorien hinter Kommunikation kurz zu beleuchten, auf denen die praktischen Hilfestellungen des Sprechen-Teils basieren. Oft ist es einprägsamer zu verstehen, warum man etwas tut und nicht tut. Vielleicht kommen Ihnen die Theorien bekannt vor, vielleicht freuen Sie sich auch, dass Sie bereits, ohne ein Buch gelesen zu haben, intuitiv, Vieles richtig machen und verstanden haben.

2.1.1 Einfluss von Beziehung und Einsamkeit auf Ihre Gesundheit

Beziehungen sind ein wichtiger Teil unseres Lebens, unserer Lebensqualität und unserer Gesundheit. Gute Beziehungen zu haben und zu erhalten, ist allerdings leicht geraten und häufig schwerer umzusetzen. Man weiß schon lange und immer besser, dass Einsamkeit schlecht für uns ist, hat sie aber lange als individuelles Problem abgetan und die Verantwortung bei den Einzelnen gelassen. Selten hat der Ratschlag »Gehen Sie unter Leute« als alleinige Maßnahme durchschlagenden Erfolg. Erst in den letzten Jahren entstanden immer mehr Initiativen, die die Bekämpfung von Einsamkeit auch zu einem politischen Anliegen machen. Einsamkeit wird häufig vom (objektivierbaren) Alleinsein unterschieden. Vermutlich ist die subjektiv erlebte Einsamkeit schwerwiegender für unsere Gesundheit. Sie ist assoziiert mit zahlreichen Gesundheitsrisiken wie kardiovaskulären Erkrankungen, Demenz und einer Verringerung der Lebenserwartung (Hawkley, 2022).

Welchen Einfluss kann Einsamkeit auf Fatigue haben? In einer experimentellen Studie der Universität Wien hatte bereits kurzzeitige Isolation gesunder Probandinnen einen ähnlichen Einfluss auf das subjektive Energielevel, angegebene Fatigue und Motivation wie der Verzicht auf Nahrung (Stijovic et al., 2023). Die Studie selbst wurde während der COVID-19-Pandemie durchgeführt, in der kurz- und mittelfristige soziale Isolation an der Tagesordnung waren. Die Forschenden schließen daraus, dass Beziehung als Bedürfnis einen ähnlichen Stellenwert hat wie Nahrung und bei einem Mangel ähnliche Folgen haben kann. Beziehung und ihr Fehlen sind also vermutlich auch in vollständiger Gesundheit elementar und von großem Effekt darauf, wie energiegeladen oder erschöpft wir uns fühlen.

2.1.2 Senden und Empfangen: Die vier Seiten der Botschaft

Einer der wichtigsten Mittel des Miteinanders ist die Kommunikation. Sie schafft Verbindung, bringt Verständnis und Unterstützung. Zumindest immer dann, wenn sie funktioniert. In den folgenden Kapiteln werden Sie viel über mögliche Fallstricke und Ideen, diese zu überwinden lesen. Deswegen an dieser Stelle nur ein kleiner Impuls als Grundlage für das, was noch kommt.

Vielleicht haben Sie schon einmal etwas vom Vier-Seiten-Modell gehört. Das ist ein einfaches Modell dafür, was alles in einer Botschaft steckt. Und zwar in jeder Botschaft zwischen zwei Menschen. Es gibt dabei eine Sach-, eine Selbstoffenbarungs-, eine Appell- und eine Beziehungsseite. Und das bei beiden. Die sendende Person hat damit vier »Zungen«, die Empfangende vier »Ohren«. Das heißt, eine Botschaft ist nicht immer so gemeint (auf allen Ebenen), wie sie ankommt.

Zum Beispiel: Sie sagen Ihrem Partner: »Die Küche ist schmutzig.«

Das könnte zum Beispiel folgende Bedeutungen haben:

- *Sachebene:* Sie informieren über den Zustand der Küche.
- *Selbstoffenbarung:* Vielleicht ärgern Sie sich darüber, dass Ihr Partner die Küche noch nicht aufgeräumt hat oder sind frustriert.
- *Appellebene:* Sie möchten Ihren Partner vielleicht mit diesem Satz auffordern, die Küche aufzuräumen.
- *Beziehungsebene:* Sie wünschen sich mehr Unterstützung oder fühlen sich nicht wertgeschätzt.

Diese und ähnliche Situationen kennen Sie vielleicht, ebenso wie die Konflikte, die rasch entstehen können, wenn wir falsch verstanden werden. Oder mit etwas richtig verstanden werden, das unter der Sachebene als Appell oder Beziehungsbotschaft versteckt war (Schulz von Thun, 2023).

2.1.3 In dich sehen, wie du mich siehst – Mentalisieren

Ein Satz, den ich oft höre, lautet: »Ich weiß, wie es dir geht.« Haben Sie ihn auch schon gehört? Gerade eben erst? Macht es Sie glücklich, dass jemand sicher ist, was in Ihnen vorgeht? Wenn das der Fall ist, dann ist die hinter dem Mentalisieren liegende Theorie vielleicht enttäuschend. Denn das geht nicht. Zumindest nicht vollständig.

Mentalisieren bezeichnet einen Vorgang, bei dem wir uns ein möglichst genaues Bild über unsere eigenen mentalen Zustände und die von anderen machen. Mental beinhaltet Gedanken, Gefühle, Bedürfnisse und so weiter. Kenn ich schon. Das ist doch Empathie! Ja – aber nicht nur. Denn es geht schließlich auch um den Blick nach innen. Auch Achtsamkeit gehört zum Mentalisieren mit dazu. Und es ist gar nicht so leicht, immer zu verstehen, warum man selbst etwas denkt, fühlt, sagt oder tut. Auch uns selbst können wir nur zum Teil verstehen und nie gänzlich. Diese Prozesse sind uns nämlich in Teilen verborgen und dadurch undurchsichtig. Dann lassen wir es doch am besten gleich! Oder nicht?

Mentalisieren kann man üben und es ist die Grundlage unserer Beziehungen mit anderen. Vielleicht kennen Sie das: Sie haben eine Situation mit einer Person, aus der Sie unzufrieden herauskommen, wobei Ihnen unklar ist, was eigentlich dazu beigetragen hat. Dann sprechen Sie zum Beispiel mit einer Freundin noch einmal über diese Situation und statt nur still zuzuhören, hat Ihre Freundin auch ihre eigenen Ideen, was vielleicht in Ihnen oder in der anderen Person vorgegangen sein könnte. Wenn Sie dafür offen sind, den Blick zu erweitern und darüber nachzudenken, ob dies stimmen kann, schärft das Ihr Bild, lässt neue Perspektiven zu. Das führt oft dazu, dass Sie Groll oder Schuldgefühle leichter besänftigen können. Mentalisieren können wir in unterschiedliche Richtungen: wir können über uns selbst nachdenken, über andere, aber auch darüber, welches Bild andere von uns haben und das mit unserem eigenen Bild abgleichen. Sie fühlen sich von jemandem besonders gut verstanden? Das kann daran liegen, dass das Bild, welches Sie davon haben, wie die andere Person über Sie denkt, sehr gut dazu passt, welches Bild Sie von sich haben. So entsteht Vertrauen.

Viele der Übungen in diesem Buch basieren auf diesem Konzept und auf dem Grundgedanken, dass es hilft, diesen Muskel zu trainieren. Dennoch ist unser Bild von uns und anderen, egal wie wir uns bemühen, immer eine Annäherung. Als ob Sie ein Objekt durch eine Milchglasscheibe betrachten. Durch genaue Betrachtung und Abwägen unterschiedlicher Möglichkeiten, wird es immer klarer in uns, wir können uns den Rest dazu denken. Das bringt uns weiter, aber eben nie Sicherheit. Ohne Zweifel ganz genau zu wissen, was in Ihnen und anderen los ist, das geht leider nicht. Aber das ist vielleicht auch gut so.

Das Konzept des Mentalisierens stammt aus der Bindungsforschung und ist also auch eine ganz grundlegende Theorie dazu, wie wir lernen, Beziehungen aufzubauen und zu lösen und wie gut uns das gelingt. Diese Fähigkeiten entwickeln wir mit unseren Bezugspersonen bereits als Kind. In der dazugehörigen Therapieschule geht es darum, diese Fähigkeiten zu vertiefen und zu erweitern (Bateman & Fonagy, 2010).

2.2 Die Fatigue und ich – meine Rolle

Chronische Fatigue nimmt viel Raum im Leben der Betroffenen ein und bestimmt sämtliche Lebensbereiche. Sie macht sich damit zu einem Teil der Identität. Dadurch entstehen neue Rollen. Krankenrollen. Betroffenenrollen. Meist gibt es nicht eine Einzelne, sondern Ihre Rolle in und mit der Fatigue ändert sich je nach Kontext. Vielleicht haben Sie darüber schon einmal nachgedacht.

Im medizinischen Kontext nehmen Sie eine Ihnen vielleicht neue Rolle ein, die Krankenrolle. Diese ist mit unangenehmen Aspekten verbunden. Betroffene fühlen sich in ihr manchmal ausgeliefert, als Bittsteller, die darauf warten müssen, dass etwas mit ihnen passiert. Im besten Falle etwas, das ihnen hilft. Wie erleben Sie sich als Patient:in? Als Kranke:r?

2.2.1 Haben oder Sein

Von außen, aber auch in der Reflexion über sich selbst, sind hier oft die Formulierungen ausschlaggebend. Ist Fatigue etwas, das Sie haben? Oder sind Sie erschöpft, chronisch krank oder zum Beispiel CFS- oder MS-Erkrankte:r? Das macht einen Unterschied. Etwas »haben« trennt Sie sprachlich von der Sache. Sie haben vermutlich einen Regenschirm. Vielleicht mehrere. Vermutlich haben Sie schon einmal den ein oder anderen Schirm irgendwo liegen gelassen. Dann haben Sie sich vermutlich gedacht: Mist, jetzt habe ich einen Schirm weniger. Sie haben sich aber wahrscheinlich nicht gedacht: Mist, jetzt bin ich eine Schirmlose.

Bei akuten und leichten Erkrankungen, bei denen wir davon ausgehen, dass sie rasch vorbei gehen oder uns nicht sonderlich beeinflussen werden, benutzen wir häufig das »haben«. Es geht ja wieder vorbei und verschwindet. Mit dem »Sein« verhält es sich oft anders. Es ist identitätsstiftend und betrifft unseren Zustand oder gar unsere Persönlichkeit. Es ist nicht von uns getrennt, sondern untrennbar mit uns verbunden.

Ein anderes Beispiel: Ihr Geburtstag. Gebräuchlicherweise sagen Sie: »Ich habe Geburtstag«. Der Tag kommt und geht und ist genauso schnell wieder vorbei, wie er gekommen ist. Aus Ihrer Kindheit kennen Sie vielleicht noch eine andere Formulierung: Ich bin das Geburtstagskind. Fühlt sich gleich ganz anders an, oder? Sie *sind* plötzlich jemand anderes. Die wichtige Person auf der Party, neben der alle sitzen wollen, die Geschenke bekommt und eine Krone trägt, um die sich alles dreht. Toll, oder?

Mit der Fatigue fühlt es sich vermutlich anders an, aber vielleicht genauso verbunden. Ich *bin* chronisch krank. Das kann sich erdrückend anfühlen, viel Raum einnehmen. Nicht nur in Ihrem Leben, sondern auch in Ihnen. Ein Teil von Ihnen werden. Und da kommt es dann nicht mehr so leicht heraus.

2.2.2 Vor- und Nachteile

Mit einer neuen Rolle verändern sich Beziehungen. Wenn Sie früher beispielsweise die Person waren, die als erste auf der Tanzfläche stand,

Unternehmungen geplant hat, Führung übernommen hat, dann sind Sie das derzeit vielleicht nicht. Hat jemand in den Gruppen, Ihrer Familie, Ihrem Freundeskreis, diese Rollen übernommen? Sie quasi abgelöst? Entlastet Sie das? Fühlen Sie sich dadurch weniger wichtig?

Vielleicht sind Sie derzeit mehr auf Hilfe angewiesen. Oder auf Geduld. Es kann auch sein, dass dadurch manche Beziehungen einfacher geworden sind. Vielleicht müssen Sie weniger nach Unterstützung oder Rücksicht fragen als früher, sondern Sie werden vorausschauend rücksichtsvoll behandelt. Vielleicht schont man Sie auch und vermeidet Konflikte mit Ihnen. In Tabelle 1 finden Sie mögliche Vor- und Nachteile der Krankenrolle. In der Regel kommt es sehr auf den Kontext und die einzelnen Beziehungen an. Was Sie vielleicht aus einer Situation wiedererkennen, ist in anderen Momenten ganz anders. Dies ist natürlich keine Liste der Nachteile der Erkrankung oder der Fatigue an sich, sondern hier soll es ausdrücklich um die Veränderungen in Ihren Beziehungen gehen.

Tab. 2.1: Beispiele für mögliche Vor- und Nachteile der Krankenrolle in zwischenmenschlichen Beziehungen

Beispiele für mögliche Vorteile	Beispiele für mögliche Nachteile
• Mehr Fürsorge • Mehr Stabilität • Mehr Rücksicht • Andere geben nach oder entschuldigen sich eher • Andere hören besser zu, nehmen sich Zeit	• Weniger selbstständig • Angewiesen auf mehr Hilfe • Abhängiger • Weniger flexibel • Gefühl der Unterlegenheit • Nicht ernst genommen werden

Mit der Krankenrolle ist es oft komplex. In manchen Beziehungen ergeben sich so deutliche Verbesserungen. Das macht es bei der Verbesserung der Beschwerden manchmal nicht ganz leicht. Müssen Sie zurück zum Status Quo? Oder können Sie sich neu gewonnene Vorteile hinüberretten und einen Weg finden? Und wie können Sie den Nachteilen begegnen? Wie können Sie trotz Ihrer Rolle Ihre Beziehungen wieder mehr so gestalten, wie es Ihnen liegt? In den folgenden Kapiteln sind dazu einige

Anregungen enthalten, wie Sie beispielsweise Grenzen ziehen und Bedürfnisse äußern können.

Übung

Eine kleine Reflexionsübung zu Ihrer Rolle:

Beschäftigen Sie sich, auch in Vorbereitung auf weitere Übungen, mit Ihrer Rolle in der Erkrankung. Fragen Sie sich dafür:

- In welchen Situationen (mit wem, in welchem Setting, wann) fällt Ihnen diese Rolle besonders auf?
- Wie erleben Sie sich in diesen Momenten? Passen die oben genannten Begriffe oder sind es andere?
- Wie erleben Sie die andere(n) Person(en) in diesem Moment Ihnen gegenüber? Sind diese beispielsweise fürsorglich, aggressiv oder kontrollierend in Ihren Augen?
- Wie bewerten Sie diese Begegnungen? Bestanden diese Beziehungen schon früher und wie haben Sie sich durch Ihre Rolle als Kranke:r verändert? Gefällt Ihnen die Veränderung? Warum/warum nicht?
- Wenn Ihnen die Veränderung nicht gefällt: was müsste sich verändern, damit es Ihnen in dieser Rolle besser geht? Was können Sie dafür tun?
- Wenn Ihnen die Veränderung gefällt: kann Sie diese Rolle an der Genesung hindern? Was würden Sie verlieren, wenn Sie wieder gesund werden? Wie können Sie das durch die Krankheit Gewonnene behalten, auch wenn es Ihnen besser geht?

Nutzen Sie auch die folgenden Kapitel, um ausgehend von den letzten beiden Fragen abzuleiten, was Sie tun können. Wenn Ihre Rollen in unterschiedlichen Settings unterschiedlich sind, ist es einfacher, diese Übung für alle wichtigen, betreffenden Beziehungen zu wiederholen.

2.3 Warum funktioniert es manchmal nicht? – Irrtümer im Gespräch über Fatigue

Warum ist es so schwierig, sich und seine Erschöpfung verständlich zu machen? Im folgenden finden Sie eine kleine Aufführung möglicher Gründe, die es Ihnen als Betroffene:r, aber auch Angehörigen und medizinischem Personal erschweren können, über dieses Symptom zu sprechen und sich verständlich zu machen. Diese sind unterteilt in Irrtümer, die das Gegenüber, also auch Sie als Angehörige oder Fachleute, betreffen, und Irrtümer, die auf Betroffenenseite existieren.

Das Gegenüber irrt sich:

1. Irrtum: *Ich sehe es nicht, deswegen ist es nicht da.*
   Nehmen wir für einen Moment die Perspektive des Gegenübers ein: Fatigue ist von außen nicht oder nur schwer zu erkennen. Verletzungen oder deutliche körperliche Veränderungen sind für Andere häufig erkennbar. Selbst eigentlich unsichtbare Schmerzen meinen wir im Gesichtsausdruck oder etwa in der Körperhaltung zu erkennen. Doch wie erkennen wir Erschöpfung?
   Als Modell hierfür haben wir höchstens akute und vorübergehende Müdigkeit: schlecht geschlafen oder eine anstrengende Woche in der Arbeit. Augenringe und fahle Gesichtsfarbe, gerötete Augen oder gebeugte Körperhaltung. Das erkennen wir und sprechen es je nach Beziehung zur Person auch an: »Du siehst müde aus. Hast du schlecht geschlafen? Du wirkst erschöpft.«
   Aber was ist mit chronischer Erschöpfung? Bei überdauernden Beschwerden verändern sich die äußeren Zeichen. Auch Menschen mit chronischen Schmerzen tragen nicht dauerhaft einen schmerzverzerrten Ausdruck im Gesicht. Die Schwelle für von außen sichtbare Veränderungen hebt sich. Die Beschwerden werden ein Teil der Normalität der Betroffenen. Menschen mit chronischer Erschöpfung führen ein Leben mit und trotz ihrer Beschwerden. Das Gefühl der Erschöpfung bedeutet nicht automatisch, nichts mehr zu tun. Die Beschwerde und der Umgang mit ihr bedingen sich nicht selbstverständlich und

immer auf dieselbe Art und Weise. So ist es für eine außenstehende Person nicht erkennbar, wie erschöpft sich eine Person fühlt, insbesondere, wenn die Erschöpfung für die Betroffene Alltag geworden ist.

2. Irrtum: *Das klappt doch trotzdem.*
   Genauso wenig wie die Beschwerde sind auch die Anstrengungen sichtbar, die Menschen mit Fatigue auf sich nehmen, um trotzdem teilzunehmen. Der Irrtum besteht zum einen darin, von einer Aktivität auf die Aktivierung, d.h. auf An- oder Abwesenheit von Fatigue zu schließen, zum anderen darin, die von außen unbeschadet wirkende Person zu Aktivität zu motivieren. Dies kann wohlmeinend sein und auch im Einzelfall funktionieren, sollte aber nicht von der Annahme getrieben sein, dass die Küche aufzuräumen bedeutet, dass die Fatigue gerade besser ist.
3. Irrtum: *Ich weiß genau, wie es dir geht.*
   Erschöpfung ist etwas Alltägliches. Im Verlaufe eines Tages durchlebt jeder unterschiedliche Aktivitätslevel und erlebt mehr Wachheit oder Müdigkeit. Wir fühlen uns also alle als potenzielle Fatigueexperten und Aufwachgurus. Wer noch nie einen mehr oder wenigen hilfreichen Tipp bei Erschöpfung gegeben hat, werfe den ersten Stein. Mehr schlafen, mehr Wasser trinken, auf die Ernährung achten oder in den Urlaub fahren. All das mag normalerweise und in bestimmten Fällen hilfreich sein.
   Bei chronischer Erschöpfung haben diese Tipps leider oft keinen durchschlagenden Erfolg und führen eher zu Frustration sowohl bei den Beratenen als auch bei den Beratenden. Betroffene fühlen sich durch gut gemeinte Ratschläge oft nicht ernst genommen und abgekanzelt. Tippgeber:innen hingegen haben vielleicht das Gefühl, man lehne ihre Hilfe ab oder erlebe sie nicht als kompetent.

Betroffene irren sich:

1. Irrtum: *Niemand kann mich verstehen.*
   Auch als Reaktion auf gemachte Erfahrungen, die aus den oben genannten Irrtümern resultieren, kann man rasch auf die Idee kommen. Niemand steht in der U-Bahn für mich auf, keiner versteht, wie es mir geht. Chronische Beschwerden wie Fatigue gehen häufig mit einem

Gefühl von Einsamkeit einher, insbesondere dann, wenn das Umfeld die Beschwerden nicht verstehen kann oder will. Aus einzelnen Erlebnissen wird leider nicht selten die Grundannahme: weil mich bislang niemand verstanden hat, bedeutet das, dass es einfach unmöglich ist, mich zu verstehen. Dieser Teil des Buches bietet vielleicht Anlass, diese Annahme auf den Prüfstand zu stellen, um wieder andere Erfahrungen zu machen.

2. Irrtum: *Nur wer dasselbe erlebt, kann nachvollziehen, wie es mir geht.*
   Dies ist sicher die kleine Schwester des ersten Irrtums, aber mit einer besonderen Konnotation, die mir insbesondere im klinischen Kontext und in der Arbeit mit Menschen mit Körperbeschwerden immer wieder begegnet. Die Annahme, dass es nötig ist, etwas erlebt zu haben, um es wirklich zu verstehen. Das klingt erst einmal logisch und hat sicher auch seine Berechtigung. Doch leider dient dieser Gedanke eher der Abschottung: Ich muss es erst gar nicht erklären, weil sie es ja eh nicht verstehen. Daraus folgt genau das Erwartete. Was mir nicht erklärt wird, kann ich natürlich nicht verstehen.
   Andererseits muss man nicht Psychotherapeut:in oder Ärzt:in sein, um die nötige Empathie aufzubringen, auch Körperbeschwerden nachzuvollziehen, die einem selbst fremd sind. Insbesondere mit Metaphern und Vergleichen wird das Erleben oft sehr anschaulich und kann so mindestens zum Teil nachvollzogen werden und das kann ein bedeutsamer Schritt sein.
3. Irrtum: *Nur, wer mich 100% versteht, versteht mich.*
   Die Fortführung des zweiten Irrtums. Es ist ein Ideal und ein großer Wunsch, von jemandem ganz und gar verstanden zu werden. Gleichzeitig ist es ein hoher Anspruch und damit geradezu zum Scheitern verurteilt. Dies betrifft nicht nur Fatigue, sondern jedes Erleben. Selbst in einer Selbsthilfegruppe zu Fatigue werden Sie unterschiedliche Geschichten und Perspektiven finden. Wir können, egal wie wir uns auch anstrengen, nie ganz verstehen, wie es jemand anderem geht. Es ist immer nur einer Annäherung.
   Wenn also in einer Selbsthilfegruppe jemand auf Sie zukommt und sagt »Ich weiß genau, wie du dich fühlst«, wäre es richtig zu widersprechen. Zu dieser Einschätzung gelangen wir dann, wenn wir Anteile des anderen in uns erkennen und die andere, also fremde, Person so-

zusagen mit uns selbst verwechseln. Genauso wenig wie ihr Bruder kann sie die Leidensgenossin in der Selbsthilfegruppe ganz verstehen. Die Annäherung, also das Einfühlen und Eindenken, ist also für alle gleich wichtig und ebenso herausfordernd. Oft erlebt man sich genau in den Momenten als verstanden, in denen sich jemand Mühe gibt, die Perspektive im wörtlichen Sinn nachzufühlen. Das passiert in der Psychotherapie, aber auch im Privatem und ist für beide Seiten sehr bereichernd.

Allen Irrtümern gemein ist, dass sich die vom Irrtum Betroffenen ganz sicher in ihrem Urteil sind. Das basiert auf Vorannahmen, aber auch auf unserem Gefühl, mit dem wir der Außenwelt begegnen. Es ist nützlich, dies zu reflektieren und auch über andere mögliche Betrachtungsmöglichkeiten nachzudenken. Das führt zu weniger Irrtümern und mehr Offenheit und Neugier im Kontakt mit anderen und im Gespräch über Fatigue.

Übung

Zeit für eine Übung: Haben Sie sich wieder erkannt oder über eine bestimmte Situation noch einmal nachgedacht, die Sie zum Thema Ihrer Beschwerden hatten? Vielleicht mit Freund:innen, Angehörigen oder Fachleuten? Nutzen Sie die Gelegenheit, um sich noch einmal Gedanken zu machen, wie Sie die Situation damals bewertet haben und denken Sie über Alternativen nach. Das kann dabei helfen, in der nächsten ähnlichen Situation anders zu handeln, denken oder gar zu fühlen.

Nutzen Sie dabei folgendes Schema und verschriftlichen Sie die Situation:

- Beschreiben Sie die Situation protokollhaft: Was ist passiert und in welcher Reihenfolge? Wer hat was gesagt oder geantwortet?
- Wie haben Sie das Gesagte (oder auch nicht Gesagte) verstanden? Wie haben Sie es bewertet?

- Was waren die Konsequenzen? Wie haben Sie sich gefühlt, was haben Sie getan, was hat die andere Person getan?
- Nehmen Sie kurz Abstand vom Geschriebenen, lesen Sie noch einmal sorgfältig. Jetzt gehen Sie zurück zum zweiten Punkt und überlegen sie sich, wie man das Geschehene auch bewerten könnte und notieren Sie dies. Was wäre nun die Konsequenz?
- Wiederholen Sie diese Übung mit anderen Situationen und bewahren Sie Ihr Geschriebenes auf.

2.4 Sich mitteilen – Bedürfnisse verstehen und kommunizieren

Wie in ▶ Kap. 2.1 besprochen, ist es manchmal gar nicht so einfach, sich und dem Gegenüber im Gespräch zu verdeutlichen, worum es hinter der Sachebene eigentlich geht. Oft wird uns selbst auch erst durch Frustration hinterher klar, was wir eigentlich erreichen wollten oder zumindest, dass wir das, was wir mit dem Gespräch erreicht haben, gar nicht mehr so gut finden. In jedem Moment seine eigenen Intentionen zu verstehen, ist sicherlich eine große Herausforderung und eher ein Ideal, aber andererseits auch nicht unbedingt nötig. Schon kleinere Schritte können deutlich dabei helfen, zufriedenstellender zu kommunizieren.

Haben Sie die Übung im vorangegangenen Kapitel mitgemacht? Dann sind Sie Ihren eigenen verborgenen Anliegen vielleicht schon etwas mehr auf die Spur gekommen. Sie können dies an dieser Stelle gerne nachholen oder auch erst im Anschluss an dieses Kapitel. Sie ahnen es vielleicht schon: Sich besser zu verstehen, richtig und mehr mitzuteilen, hilft gegen gesprächsstörende Irrtümer. Aber wir müssen nicht unbedingt beim Problem ansetzen, um uns mit der Lösung zu beschäftigen.

Ein Beispiel

Sie haben einen schlechten Tag. Heute fühlen Sie sich besonders erschöpft. In der letzten Nacht haben sie wenig geschlafen und sind irgendwann morgens frustriert aufgestanden, ohne dass Ihnen der Schlaf wirklich etwas für Ihre Erholung bringen konnte. Sie hatten sich für den Tag einiges vorgenommen, hatten eine Liste von Dingen, die im Haushalt zu tun sind und haben sich für den Abend ein Gespräch mit einer Freundin oder einem Freund eingeplant. Sie haben den ganzen Tag über den Berg Arbeit, der vor Ihnen liegt und Sie mahnend ansieht, nachgedacht. Es ist Ihnen bei wenigen Aufgaben von Ihrer Liste gelungen, diese anzugehen. Da Sie dies aber nicht vollständig erledigt haben, fühlen Sie sich schlecht. Sie wollen trotz Stimmung und Befinden gerne das Telefonat wahrnehmen, da es Ihnen wichtig ist, Freundschaften zu pflegen und die Person für Sie sehr wichtig ist. Vielleicht hilft es ja auch. Dann klingelt das Telefon. Gefragt nach Ihrem Befinden, antworten Sie, dass es heute besonders schwierig war und, dass Sie das meiste nicht geschafft haben.

Wenn Sie mit dem Beispiel etwas anfangen können, dann halten Sie an dieser Stelle kurz inne und überlegen für sich, was Sie sich an dieser Stelle von diesem Gespräch wünschen würden. Würden Sie beispielsweise gerne etwas Bestimmtes hören? Wenn Ihnen das leichter fällt oder Sie gut von der »Irrtum«-Übung profitiert haben, können Sie auch überlegen, was Sie vielleicht in einem ähnlichen Moment gehört oder nicht gehört haben, was Sie im Nachhinein enttäuscht oder geärgert hat.

Wie, und mit welcher Absicht, könnte die Person beispielsweise reagieren?

- Mit einem Rat, weil sie auf der Sachebene Ihr Problem versteht und angehen will:
  »Leg dich doch jetzt kurz hin und dann schaffst du nachher noch etwas.« Oder »Wenn du heute früh ins Bett gehst, dann klappt das morgen bestimmt.«
- Mit einem Aufmunterungsversuch, weil sie Ihre Stimmung heben möchte:

»Morgen sieht es schon wieder ganz anders aus.« Oder »Freu dich doch über das, was du geschafft hast.«

- Mit Validierung Ihres Erlebens, weil sie Ihrem Gefühl Anerkennung schenken will:
  »Ach Mist. Das klingt wirklich nicht schön. Du Arme:r.«

Haben Sie sich von einer Variante besonders angesprochen gefühlt, Im Guten, wie im Schlechten? Alle diese Möglichkeiten der Erwiderung sind wahrscheinlich gut gemeint. Ihr Gegenüber reagiert so, wie er oder sie es für richtig hält und mit dem Ziel, Ihnen zu helfen. Ob es funktioniert, hängt maßgeblich davon ab, ob diese Intervention Ihrem tatsächlichen Bedürfnis in diesem Gespräch entspricht. Denn ja, irgendetwas wollten Sie in diesem Moment erreichen, auch wenn es Ihnen nicht im Moment selbst, sondern erst in der Rückschau möglich ist, dies zu erfassen und zu verstehen.

Wenn die andere Person mit ihrem Satz ins Schwarze getroffen hat, dann ist das nicht unbedingt mit Empathie oder einer großen Vertrautheit gleichzusetzen. Es kann auch ganz zufällig geschehen. Menschen reagieren häufig so, wie sie es selbst von anderen kennen, gelernt haben oder sich wünschen würden. Je weniger Informationen die andere Person über Sie hat, generell und in diesem Moment, desto schwieriger ist es, sich Ihnen gegenüber »richtig« zu verhalten.

Um sich seiner Bedürfnisse besser bewusst zu werden, braucht es Übung. Diese kann dadurch entstehen, Situationen, auf die Sie mit Frustration reagiert haben oder die Ihnen aus unangenehmen Gründen in Erinnerung bleiben, aufzuschreiben und dahingehend zu analysieren, was schiefgelaufen ist. Dazu können Sie sich zwei Fragen stellen:

- *Was wollte <u>die andere Person</u> vermutlich bewirken?*
  Wollte er oder sie mir helfen und wie hat die Person dies versucht? Oder war die Person selbst verärgert oder enttäuscht und mein Wohlbefinden war entweder nicht ihr Anliegen oder nicht mehr in ihrer Kapazität?
- *Was war <u>Ihr</u> eigentliches Bedürfnis?*
  Was hat Sie an der Reaktion der anderen Person enttäuscht? Was hätten

Sie stattdessen gebraucht? Wie haben Sie bemerkt, dass das Angebotene das Falsche war?

2.4.1 Bedürfnisse wahrnehmen und differenzieren

Ihr Bedürfnis in einer Gesprächs- oder grundsätzlichen Beziehungssituation ist nicht immer gleich, sondern hängt von vielen verschiedenen Faktoren ab, bei Ihnen selbst, aber auch bei der anderen Person. Vermutlich wünschen Sie sich nicht von all Ihren Mitmenschen dasselbe, sondern unterscheiden.

► Tab. 2.2 gibt einen Überblick über häufige Bedürfnisse im Gespräch über Fatigue.

Tab. 2.2: Bedürfnisse im Gespräch über Fatigue

Bedürfnis	Beschreibung	Wie Ihr Gegenüber dem Bedürfnis gerecht werden kann
Verständnis	Sie wünschen sich, dass Ihr Gegenüber sich in Sie und Ihre Situation einfühlt und versucht nachzuvollziehen, wie es Ihnen geht oder wie eine bestimmte Situation aus Ihrer Perspektive aussieht. Vielleicht wünschen Sie sich, dass Sie länger berichten dürfen, ohne dass Ihr Gegenüber reingrätscht.	Durch Fragen und einfühlsam aufgestellte Hypothesen: »Das war dann wieder so ein Tag wie vor einem Monat, oder?« Aktives Zuhören, das kann manchmal auch nur wie ein »Hm« klingen.
Anerkennung	Dies ist ein über reines Verständnis hinausgehendes Bedürfnis mit einer zusätzlichen Konnotation. Sie wünschen sich, dass die andere Person nicht nur versteht, sondern auch anerkennt, also beispielsweise die Schwierigkeit.	Anknüpfend an Verständnis wird Ihr Empfinden gespiegelt und verstärkt: »Das stelle ich mir ganz schön schwierig vor. Wenn mir das passieren würde, würde ich mir auch schwertun.«

Tab. 2.2: Bedürfnisse im Gespräch über Fatigue – Fortsetzung

Bedürfnis	Beschreibung	Wie Ihr Gegenüber dem Bedürfnis gerecht werden kann
Beruhigung	Sie haben große Sorge, der Sie im Gespräch verbal oder nonverbal Ausdruck verleihen und wünschen sich von Ihrem Gegenüber, dass diese Sorge verstanden und beruhigend aufgegriffen wird.	→ siehe Verständnis → siehe Anerkennung Beruhigungen und was als beruhigend erlebt wird, sind ganz individuell und greifen zum Beispiel Fakten auf: »Du warst doch letzte Woche bei deiner Ärztin und die hat dir zurückgemeldet, dass nichts Gefährliches gefunden wurde.« Auch Anerkennung und Rückversicherung können beruhigend wirken.
Rückversicherung	Spezifische Form der Beruhigung. Sie stellen eigentlich eine Frage, die Ihr Gegenüber beantworten soll: »Ist es ok, wenn ich/dass ich …?« Manchmal kann es sehr schwierig sein, diese Fragen direkt zu stellen. Deswegen geben Sie stattdessen viel Information, rechtfertigen sich vielleicht auch ohne dass es einen Vorwurf gab.	Beispiel: »Das kann ich gut nachvollziehen, dass du dann gestern keine Energie mehr für unser Telefonat hattest. Ich bin dir nicht böse deswegen.«
Rat und Tat	Sie suchen nach mehr Wissen, einer Erklärung oder wollen, dass eine für Sie sichtbare Konsequenz folgt.	Liefern der entsprechenden Erklärung, Einleiten einer Aktion oder auch Begründung, warum Jeweiliges gerade nicht möglich ist.

Tab. 2.2: Bedürfnisse im Gespräch über Fatigue – Fortsetzung

Bedürfnis	Beschreibung	Wie Ihr Gegenüber dem Bedürfnis gerecht werden kann
Aufmunterung	Sie wünschen sich, dass Ihr Gegenüber Sie aufbaut, Ihnen Hoffnung schenkt und selbst diese Gefühle ausstrahlt.	Was Sie aufmuntert, ist natürlich höchst individuell. Manche fallen in diesem Moment in sarkastischen Humor, andere vermitteln konkrete Zuversicht (»Das wird schon.« »Ich bin mir sicher, morgen wird besser.«).
Ablenkung	Wer den ganzen Tag mit der Fatigue zu tun hat und über sie nachdenkt, freut sich manchmal, davon kurz Pause zu haben. Der Wunsch kann dabei sein, selbst nicht Thema zu sein (»Reden wir doch lieber über dich.«) oder, als Person und nicht als Erkrankte:r wahrgenommen zu werden.	Die andere Person kann sie nach anderen Dingen fragen, Ihren Interessen, Leidenschaften und, was sie sonst noch ausmacht. Oder auf diese hinweisen. Auch wenn die andere Person eher von sich selbst spricht oder sogar eine Aktivität vorschlägt, die zerstreuend wirkt, kann das der Ablenkung dienlich sein.

Um sich Ihrer Bedürfnisse nicht nur in der Rückschau bewusst zu werden, also dann, wenn es Ihnen in Bezug auf ebendiese Situation nicht mehr hilft, ist es zielführend, sich diese Bedürfnisse zu verdeutlichen und einen Moment zu finden, in dem es möglich ist, diese in der Situation zu reflektieren. Das kann beispielsweise vor einem Gespräch sein. Wie im Beispiel ist es gut möglich, dass Sie schon mit viel Vorgeschichte in ein Gespräch starten. Die andere Person weiß dies nicht, noch kann sie ahnen, wofür sie gerade jetzt von Ihnen gebraucht wird. Vor einem solchen Gespräch kann es also helfen kurz innezuhalten und sich zu fragen:

»Was wünsche ich mir gerade jetzt in dieser Situation von ebendieser Person? Was brauche ich gerade?«

Aber auch im Gespräch ist es noch möglich, sich kurz Raum zu nehmen, dies zu reflektieren. Signalgefühle können hier Unzufriedenheit, Frustration, Enttäuschung oder Ärger sein. Dann lohnt es sich, kurz durchzuatmen, vielleicht sogar kurz zu unterbrechen und sich zurückzuziehen. Wenn Sie gut darin sind, Ihre Bedürfnisse wahrzunehmen und zu differenzieren, dann reicht ein kurzer Augenblick, um zu bemerken, dass der Gesprächsfortgang nicht Ihrem Bedürfnis entspricht und was dieses eigentlich ist.

2.4.2 Bedürfnisse kommunizieren

Sie sollten also erstens feststellen, dass Sie ein Bedürfnis haben, das Ihnen im Gespräch wichtig ist und zweitens differenzieren, worum es Ihnen gerade geht. Wenn Sie die ersten beiden Punkte geschafft haben, dann können Sie diese Bedürfnisse auch kommunizieren. Aber wie?

»Man kann nicht nicht kommunizieren« stellte bereits der Kommunikationswissenschaftler Paul Watzlawick fest. Das heißt, dass Ihnen vielleicht gar nicht immer bewusst ist, was Sie wie sagen. Auch nonverbal drücken wir viel aus. Wenn wir Bedürfnisse nicht als solche ansprechen und sie damit ungesehen und unerfüllt bleiben, dann führt das nicht selten zu Frustration und Enttäuschung. Und diese kommunizieren wir dann. Kommt Ihnen das bekannt vor? Vielleicht merken Sie es auch erst an der Reaktion des Gegenübers, das vielleicht, scheinbar aus heiterem Himmel, verärgert ist, sich rechtfertigt oder sich gar zu entschuldigen versucht. Oder vielleicht kennen Sie es von sich selbst, dass sie manchmal nach Kontakten unglücklich sind, sich zurückziehen oder sich ärgern und vielleicht gar nicht genau wissen, warum.

Viele Konflikte, gerade in nahen Beziehungen, entstehen aus Situationen, in denen jemand ein ihm wichtiges Bedürfnis nicht kommuniziert. Manchmal glauben wir auch, wir hätten es doch gesagt. Oder, fataler, wir gehen davon aus, dass man uns sozusagen hinter die Stirn schauen kann.

»Der muss doch wissen, was ich brauche. Das sieht man doch.«

Auch uns nahestehende Personen können immer nur raten, was wir von Ihnen brauchen. Auch, wenn es natürlich hilft, die andere Person gut zu kennen. Das bedeutet: wenn Ihnen etwas wichtig ist, dann sprechen Sie es lieber an. Wenn Sie nachher enttäuscht sind, dann kommt bei Ihrem

Gegenüber nicht an, was Ihnen wichtig ist oder war, sondern, dass Sie enttäuscht, frustriert und verärgert sind.

Wie können Sie also gut und effektiv Ihre Bedürfnisse kommunizieren?

Zuerst ist es wichtig, eine weitere kleine Enttäuschung vorwegzunehmen. Egal, wie gut, adäquat und überlegt Sie Ihre Bedürfnisse kommunizieren, ist dies niemals ein Garant dafür, dass Ihren Bedürfnissen auch entsprochen wird. Sie geben der anderen Person mit Ihrer Kommunikation ein, im besten Fall, unmissverständliches Signal, auf das diese dann eingehen kann oder eben nicht. Diese Transparenz macht es der anderen Person unter Umständen auch möglich, entsprechendes von sich zu teilen, wie z. B. »Gerade kann ich dem nicht entsprechen. Das tut mir Leid«. Auch das kann ein guter Gesprächsausgang sein.

Für die Bedürfniskommunikation eignen sich besonders gut die sogenannten *Ich-Botschaften.* Vielleicht haben Sie den Begriff schon einmal gehört. Es geht darum, von sich zu sprechen und so wegzukommen von *Du-Botschaften.* Letztere sind oft als Vorwurf formuliert. Zum Beispiel:

- *Du-Botschaft:* »Du hast gestern nur von dir geredet und mich gar nicht gefragt, wie es mir geht.«
- *Ich-Botschaft*: »Ich war gestern enttäuscht, weil ich bemerkt habe, dass ich mir eigentlich Interesse und Verständnis gewünscht habe.«

Wenn Sie es nicht gewohnt sind, in solchen Botschaften zu sprechen, Ihnen aber die Du-Botschaften in entsprechenden Situationen sehr nahe liegen, dann ist es schwierig, dies umzuformulieren. Hüten Sie sich vor Pseudo-Ich-Botschaften! Eine Patientin, mit der ich dies üben wollte, bemühte sich einst »Du stinkst« in eine Ich-Botschaft umzuformulieren und landete bei »Ich finde, du stinkst«. Ich denke, dieses Beispiel kann gut illustrieren, warum es nicht einfach reicht, »Ich« an den Satzanfang zu stellen. Formulierungen, die mit »ich finde« beginnen, sind in der Regel keine Ich-Botschaften, sondern höchstens maskierte Du-Botschaften. Es ist nötig, nicht nur umzuformulieren, sondern wirklich die Perspektive zu wechseln. Nicht mehr auf die Fehler des Gegenübers zu schauen, sondern stattdessen in sich hineinzuhorchen, woher beispielsweise der Ärger kommt.

Wenn Sie ein Bedürfnis über eine Ich-Botschaft ausdrücken wollen, hilft folgende Struktur:

- *Selbstoffenbarung:* Teilen Sie mit, wie es Ihnen geht. So weit, dass Sie Ihrem Gegenüber verständlich machen, warum Sie den nachfolgenden Wunsch äußern.
- *Wunsch:* Seien Sie klar, aber ruhig. Oft hilft der Akt der Offenbarung dabei, sich zu beruhigen, dann ist der Wunsch keine Forderung, sondern ebendas, ein Wunsch.

Wenn Sie noch »auf Hundert« sind, während Sie sich mit Ihrer Botschaft abmühen, machen Sie sich lieber kurz Luft, tun Sie, was Sie müssen, um runterzukommen und vertagen das Gespräch nach Möglichkeit.

Formulierungen der Wünsche, die sich aus den unterschiedlichen Bedürfnissen ableiten und an das oben beschriebene Beispiel angelehnt sind, sind:

- *Verständnis:* »Mir ist der Tag heute wirklich schwergefallen. Ich bin traurig und ärgere mich über mich selbst. Kannst du mir einfach nur zuhören? Ich brauche gerade Verständnis.«
- *Anerkennung:* »Ich fühle mich gerade traurig und allein mit meiner Fatigue. Ich glaube, dass es von außen oft schwer ist, nachzuvollziehen, wie es mir geht. Ich wünsche mir, dass du dich bemühst, mein Empfinden nachzuvollziehen und anzuerkennen.«
- *Beruhigung:* »Mir ging es heute viel schlechter als in den Wochen davor und ich mache mir große Sorgen, dass es jetzt so weitergeht. Ich komme da gerade ganz schwer raus. Das letzte Mal, als es mir so ging, konntest du mich gut beruhigen. Das brauche ich gerade auch wieder.«
- *Rückversicherung:* »Ich fühle mich gerade unzulänglich, weil ich immer nur jammere, wenn wir sprechen und habe große Sorge, dass dich das gar nicht interessiert und ich dir auf die Nerven gehe. Es würde mir weiterhelfen, wenn du mich rückversicherst, dass ich das nicht tue.«
- *Rat und Tat:* »Ich fühle mich an Tagen wie heute verloren und weiß gar nicht mehr, was ich tun soll. Hast du eine Idee, was helfen kann?«

- *Aufmunterung:* »Ich bin gerade wirklich niedergeschlagen. Ich freue mich, dass wir sprechen können. Du schaffst es immer gut mich aufzumuntern, fällt dir gerade etwas ein?«
- *Ablenkung:* »Ich sitze hier seit heute Morgen und grüble. All meine Gedanken sind gerade durch die Fatigue bestimmt. Ich würde gerade gerne über etwas anderes reden. Vielleicht planen wir unseren Ausflug?«

2.5 Grenzen in der Beziehung – erkennen und einhalten

Nicht nur Sie kommen in Begegnungen mit Bedürfnissen. Auch die anderen haben in der Regel welche dabei Manchmal passen diese zueinander, manchmal leider auch nicht. Vielleicht haben Sie dann gar keine Schwierigkeiten, dies zu sehen und anzusprechen. Vielleicht fällt es Ihnen aber auch schwer. Damit wären Sie nicht allein.

Chronische Fatigue verändert Menschen, die sie betrifft, in allen Lebensbereichen. Betroffene haben in der Regel ein erhöhtes Ruhebedürfnis. Andere können diesem durch Rücksichtnahme gerecht werden, aber nicht alle Menschen sind so vorausschauend zuvorkommend, dass sie dies wortlos oder implizit verstehen. Aber auch für Betroffene ist es nicht immer leicht, Grenzen rechtzeitig zu erkennen, bevor oder spätestens dann, wenn sie überschritten werden.

Das Thema »Grenzen« wird Ihnen daher an mehreren Stellen in diesem Buch begegnen, da es auch eine große Rolle in der Behandlung spielt.

Aber was ist eine Grenze und, wie bemerken Sie sie? Innerhalb unserer eigenen Grenzen ist alles, was wir gerade nicht teilen wollen oder, was wir vor Anderen schützen wollen. Unsere Intimsphäre. Wie bei einer Zwiebel gibt es verschiedene Schichten, in die wir Andere vorlassen. Im besten Fall können wir vor jeder Schicht bewusst entscheiden, ob wir passieren lassen oder nicht. Um den Alltag für uns etwas leichter zu gestalten und, weil wir uns nicht den ganzen Tag über Schichten der Intimsphäre den Kopf zerbrechen wollen, gibt es explizite (also zum Beispiel Gesetze) und implizite Regeln des Umgangs miteinander. Höflichkeit und Benehmen ermöglichen einen gewissen Sicherheitsabstand zum gegenseitigen Intimen. So funktionieren die meisten Begegnungen relativ reibungslos, auch wenn wir nicht genau wissen, wo Grenzen verlaufen und, wie wir sie einhalten oder gar verteidigen.

Aber davon gibt es auch Ausnahmen. Manchen Menschen bedeuten diese Regeln wenig, sie missachten sie absichtlich oder kennen sie nicht, weil sie zum Beispiel anders sozialisiert sind. Besonders in nahen Beziehungen treten wir vom allgemeinen, höflichen, Umgang in etwas Persönliches und nähern uns an. Das ist schön und verbindend, kann aber herausfordernd sein, weil sich die jeweiligen Zwiebelschichten und Grenzen einander annähern. Dann wird es nötig, Grenzen auch zu kommunizieren.

2.5.1 Grenzen erkennen

Wie können Grenzverletzungen im Zwischenmenschlichen aussehen? Wenn jemand Ihre Grenze überschreitet, ist diese Person Ihnen, wie man so schön sagt, zu nahe getreten. Das bemerken Sie in der Regel an Ihrer inneren Reaktion, Ihrem Gefühl, oder Ihrer äußeren Reaktion, Ihrem Verhalten im Nachgang.

Ein Beispiel

Stefan leidet seit etwa einem halben Jahr unter Erschöpfung. »Burnout« hat ihm seine Ärztin diagnostiziert und ihm angeboten, ihn krankzuschreiben. Stefan hat derzeit aber ein wichtiges Projekt laufen, hofft auf eine Beförderung, und hat deswegen auf die Krankschreibung verzichtet. Sein Beruf ist ihm sehr wichtig und er zieht daraus Stolz und Anerkennung. Eine Kollegin, die bereits etwas länger dort tätig ist, verhält sich ihm gegenüber manchmal wie seine Vorgesetzte, obwohl sie das eigentlich nicht ist. Auch heute kommt sie in sein Büro, ohne zu klopfen. Wie es ihm denn gehe, er hätte ja zuletzt immer mal wieder gefehlt oder wäre beim Sommerfest als Erster gegangen. Was denn los sei. Sie habe ja viel gehört, aber man dürfe ja nicht alles glauben. Stefan wird rot, die Situation ist ihm unangenehm. »Mir geht es nicht so gut,« sagt er leise. »Oh nein! Was Körperliches? Oder einfach Burn-out? Das haben ja jetzt alle.« »Ja, Burn-out, sagt meine Ärztin.« »Ach ja. Finde ich gut, dass du da in die Arbeit gehst. Viele kommen dann ja gar nicht mehr. Aber so hätte ich dich auch nicht eingeschätzt. Ich wollte dich eh um was bitten …«

Nach dem Gespräch hat Stefan eine Aufgabe seiner Kollegin übernommen. Er organisiert die Weihnachtsfeier, was viele Mails und zusätzliche Stunden Arbeit nach sich zieht.

Kennen Sie eine ähnliche Situation? Konnten Sie mitfühlen? Hier sind jede Menge Grenzen missachtet worden. Von beiden Seiten. Über die Grenzen der eigenen Leistungsfähigkeit soll hier eher indirekt gesprochen werden. Sie wird in einem späteren Kapitel nochmal aufgegriffen.

Aber auch darüber hinaus können wir von einigen Überschreitungen ausgehen. Die Grenze der Bürotür als Erstes. Dann ist die direkte Nachfrage nach Gesundheit und Diagnosen etwas, das weit in die Intimsphäre, durch viele Zwiebelschichten hindurch, hineinreicht. Aber auch Stefan hat die Grenze, von der wir ausgehen, nicht ausreichend geachtet, mindestens nicht verteidigt. Die Kollegin ist ihm zu nahe getreten und hat ihn möglicherweise mit ihrer Direktheit überrumpelt. Vielleicht gelingt es ihm in anderen Situationen besser, auf sich zu achten und das nach außen zu kommunizieren. Wie bemerken Sie Grenzüberschreitungen?

In diesem oder ähnlichen Fällen spüren Sie es in der Situation selbst oder im Nachgang anhand unangenehmer Gefühle wie Scham, Ärger, Traurigkeit. Vielleicht bereuen Sie, was Sie gesagt oder nicht gesagt haben. Vielleicht ist es auch weniger intensiv, aber die Situation lässt Ihnen keine Ruhe. Sie grübeln darüber nach. Ähnlich wie Bedürfnisverletzungen erkennen Sie Grenzverletzungen oft retrospektiv. Immerhin! Das ist nicht schlimm oder zu spät, sondern erst einmal unangenehm. Wir lernen diese Grenzen nur im Kontakt mit anderen kennen. Wie viel Abstand wir brauchen und wem und wie wir Grenzen aufzeigen wollen, ist sehr individuell. Auch das können Sie sich wie in ▶ Abb. 2.1 als konzentrische Kreise vorstellen. Menschen, mit denen Sie mehr teilen (wollen), sind Ihr innerer und innerster Kreis. Diese Kreise sind vermutlich kleiner als der größere Außenkreis von »allen anderen«. Stefans Kollegin befindet sich wahrscheinlich eher im äußeren Kreis.

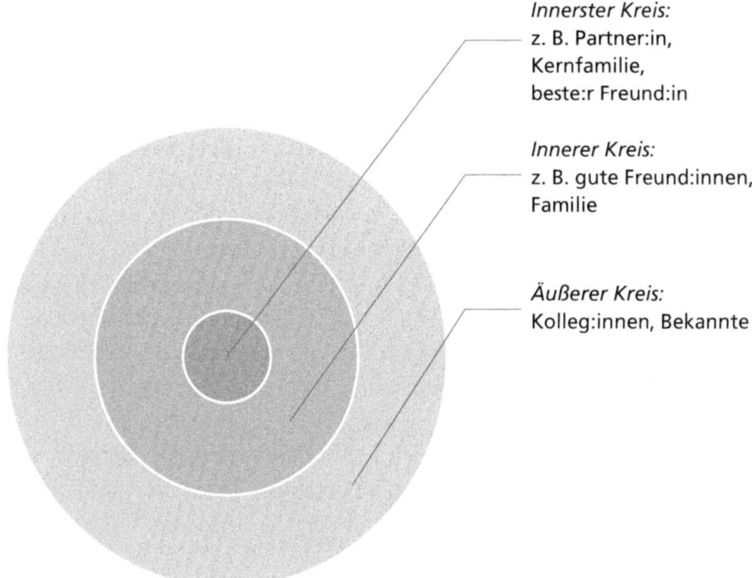

Abb. 2.1: Intimsphärenmodell

Um Grenzen im Vorfeld zu sehen und zu wahren, ist es, wie bereits bei den Bedürfnissen, nützlich, diese besser kennen zu lernen. Online finden Sie dazu eine Übung.

2.5.2 Sich abgrenzen – Nein ist kein Schimpfwort

Wenn wir über Grenzen sprechen, dann hat das natürlich nicht nur mit Information und Nähe zu tun, sondern auch damit, was wir anderen geben oder was wir sie nehmen lassen. Im Beispiel ist es eine Aufgabe, die Stefan vielleicht eher aufs Auge gedrückt wird, als dass er sich wirklich für sie entscheidet. Für manche Menschen ist es schwierig, Nein zu einer Bitte oder einer Aufforderung zu sagen. Manche kommen diesen gar zuvor und springen ihren Mitmenschen zur Seite, ohne dass diese überhaupt bitten (müssen).

Welcher Typ sind Sie? Helfen und geben Sie viel? Wenn ja, ist das natürlich keine schlechte Eigenschaft. Für die anderen. Aber vielleicht auch erstmal für Sie. Vielleicht sind Sie dadurch beliebt und können abends mit dem guten Gefühl ins Bett gehen, Ihren eigenen Anforderungen an einen guten Menschen gerecht worden zu sein. Schwierig wird es erst, wenn das, was Sie geben, Ihnen abends fehlt. An Gütern, an Zeit, an Energie. Insbesondere dann, wenn Energie Mangelware ist, dann können oder wollen Sie sie nicht mehr beliebig verteilen. Vielleicht finden Sie das traurig und hadern damit. Aber vielleicht ist es auch eine Gelegenheit, Priorisierung und Abgrenzung zu üben.

Von Abgrenzung spricht man in diesem Kontext ebendann, wenn man gerade Aufgaben (explizite oder implizite) nicht einfach annimmt und erledigt. Insbesondere bei einer tatsächlich ausgesprochenen Aufgabe, wie im Beispiel, erfordert die Abgrenzung mehr als nur Zurückhaltung, sondern ein echtes »Nein«.

Für viele Menschen ist ein ordentliches Nein eine große Herausforderung. Ist das bei Ihnen auch so? In der nachfolgenden Übung können Sie sich vielleicht den Gründen hierfür nähern.

Übung

Eine kleine Reflexionsübung zum Thema Nein-Sagen:

- Wann ist es Ihnen zuletzt schwergefallen, Nein zu sagen?
- Haben Sie dennoch Nein gesagt?
- Was hat es Ihnen besonders schwer gemacht?
- Wenn Sie nicht Nein gesagt haben:
  - Was hätten Sie (in Ihrer Fantasie) riskiert oder verloren, wenn Sie Nein gesagt hätten?
  - Stellen Sie sich vor, Sie hätten Nein gesagt: Welche Gefühle entstehen?
- Wenn Sie Nein gesagt haben:
  - Was waren die Konsequenzen?

  - Wie haben Sie sich gefühlt?
- Kennen Sie eine Person, die regelmäßig deutlich Nein sagt?
  - Was haben Sie mit dieser Person gemeinsam?
  - Welche Hürden könnte diese Person vor einem Nein überwinden müssen?
  - Wie hätte sich diese Person in dieser Situation wohl verhalten?

Die Schwierigkeit des Neins kann durch die Situation oder die jeweilige Beziehung entstehen, es gibt aber auch Menschen, denen es besonders schwerfällt. Dahinter können Ängste stecken wie zum Beispiel, nicht mehr akzeptiert zu werden, wenn man etwas nicht tut oder sich anders verhält. Wenn ich als Therapeutin mit Menschen über das Thema Abgrenzung spreche, höre ich manchmal so etwas wie: »So bin ich halt/Aber ich muss doch .../Aber ich kann das doch nicht einfach ablehnen.«

Keine Sorge! Sie müssen (und sollen) sich auch nicht in eine komplett andere Person verwandeln. Ebenso wenig müssen Sie ab jetzt allen alles abschlagen. Sie können diesen Muskel aber dafür trainieren, wenn Sie ihn brauchen. Denn es wird Momente geben, in denen es zu viel ist. Dann haben Sie schon bevor jemand fragt, ein mulmiges Gefühl. Sind ambivalent. Sollen Sie oder sollen Sie nicht? Können Sie überhaupt Nein sagen?

Folgende Gedanken und Techniken können Ihnen dabei helfen:

- *Prioritäten kennen:* Im Vorfeld oder in der Situation (siehe »Nur die Ruhe«) können Sie sich dazu Gedanken machen, was Ihnen wichtiger ist, zum Beispiel Ihre Ruhe und damit verbunden vielleicht mehr Energie für etwas anderes oder das, was Sie bekommen, wenn Sie der Aufgabe nachkommen, z.B. Anerkennung, Lob. Es gibt auch gute Gründe, nicht »Nein!« zu sagen. Wenn Ihnen diese klar sind, dann treffen Sie eine bewusste Entscheidung und trauen sich nicht einfach nur nicht, Nein zu sagen.
- *»Nein« ist ein ganzer Satz:* Vielleicht mag es abgedroschen klingen. Ein »Nein« muss nicht begründet werden. Das ist insbesondere im Kontext von Krankheit wichtig. Sie werden durch die Fatigue vermutlich häufiger in eine Situation geraten, in der ein Nein gut ist. Vielleicht sind Sie versucht, besonders dann, wenn es Ihnen sonst schwerfällt, dieses Nein

mit der Fatigue zu begründen. Das müssen Sie nicht. Sie dürfen auch einfach nicht wollen oder keine Lust haben. Weiterhin. Auch oder besonders in der Krankheit. Halten Sie kurz inne, bevor Sie das nächste Mal absagen und mit »weil« ausholen und probieren Sie, es wegzulassen oder statt mit »Können« mit »Wollen« zu begründen.

- *Trauen Sie sich zu üben:* Aller Anfang ist schwer und es ist noch kein Abgrenzungsmeister vom Himmel gefallen. Seien Sie gnädig mit sich. Üblich ist, dass es zu Beginn nicht ganz ruhig läuft. Bei manchen Menschen schlägt das Pendel plötzlich weit in die andere Richtung aus und sie lehnen vielleicht erst einmal alles ab. Das kann eine Stufe sein. Dann fallen vielleicht auch die ersten »Neins« manchmal besonders deutlich aus. Das liegt vielleicht daran, dass sich das Nein erst einmal noch nicht natürlich anfühlt. Dann ist es leichter, in eine Rolle zu schlüpfen, die der/des Neinsagenden. Und die ist eben schroff. Mit mehr Übung und Erfahrung wird Ihre Abgrenzung authentischer. Sie können eine Person sein – sofern Sie das wollen – die freundlich, aber deutlich Nein sagt. Das fühlt sich dann besser und einfacher an.
- *Seien Sie enttäuschend:* Hemmnis der meisten Verhaltensveränderungen ist der Umstand, dass Sie nicht allein sind. Insbesondere dann, wenn Sie Ihr Verhalten anderen gegenüber verändern, bemerken Sie schnell, dass sich nicht immer alle nur darüber freuen. Es ist schwierig, Gewohnheiten zu verändern, und es kann ebenso schwierig sein, sich umzustellen, wenn eine Person in unserem Umfeld sich plötzlich scheinbar ihrer Persönlichkeit zuwider verhält. Da muss man sich erstmal dran gewöhnen und der Mensch ist ja ein Gewohnheitstier. Gönnen Sie den anderen und sich die Zeit, die diese Gewöhnung erfordert. Sie werden andere enttäuschen, deswegen enttäuscht Sie dieser Paragraf schon einmal, falls Sie sich gewünscht haben, dass es reibungslos abläuft. Das wird es wahrscheinlich nicht und das muss es auch nicht. Auch die anderen müssen üben. Vielleicht können Sie es sogar ankündigen: »Ich übe jetzt etwas mit dir.«
- *Nur die Ruhe:* Situationen, in denen Sie sich abgrenzen wollen oder müssen, sind oft hektisch. Sie selbst sind vermutlich im Stress und dann ist es noch einmal schwerer, eine Entscheidung zu treffen. Umso wichtiger ist es, ein Durchatmen zwischen Sie und das Nein (oder auch Ja) zu bringen. Nehmen Sie sich Zeit oder sogar Raum, auch ein kurzes

Innehalten kann genügen. Gutes Mentalisieren (siehe Kasten) kann helfen.

Begriffserklärung

Einen kühlen Kopf bewahren – wozu ist das wichtig und wie geht das?

Vielleicht erinnern Sie sich noch an den Begriff des Mentalisierens aus ▶ Kap. 2.1. Er beschreibt, wie wir über uns und andere nachdenken können und diese Gedanken in unseren Beziehungen nutzen. Nachdenken geht in Ruhe immer am besten, Beziehungssituationen sind aber oft heiß und hektisch. Da fällt das Nachdenken schwer. Wir verfallen, statt nachzudenken, dann manchmal in einen Modus und fahren sozusagen »Autopilot«. Der bringt uns zwar auch irgendwohin, aber in der Regel nicht an das Wunschziel.

Der Autopilot ist zum Beispiel häufig dann an, wenn wir:

- etwas einfordern oder drohen (»Wenn du nicht …, dann …«),
- generalisieren und alles über einen Kamm scheren (»Immer/Nie«),
- von unserem Gefühl ausgehend anderen etwas unterstellen (»Ich werde verarscht«),
- bedeutungslos monologisieren.

Wenn das geschieht, dann ist es viel schwerer, mit sich und anderen in Kontakt zu kommen, die eigenen Gefühle und Bedürfnisse zu verstehen und zu kommunizieren. In diese Modi geraten wir dann, wenn die Anspannung stark steigt, also wenn etwas passiert, was uns aus der Bahn wirft. Manchmal sind das bekannte Auslöser, manche sagen auch »Trigger«, also Knöpfe die andere drücken, auch ohne es zu wissen, die uns hochfahren lassen und dann spulen wir das immer selbe Programm ab und bleiben oft frustriert zurück.

Wie können Sie dies vermeiden? Folgende Maßnahmen können Ihnen helfen, einen kühlen Kopf zu bewahren oder wiederzuerlangen:

- Kennen Sie Ihre »Knöpfe«: Was bringt Sie in den Ausnahmezustand? Je besser Sie dies wissen, desto leichter können Sie sich vorbereiten.

- Kennen Sie die Anzeichen Ihrer Anspannung: Wie bemerken Sie sie? Welche Gefühle sind damit verbunden, welche körperlichen Empfindungen?
- Legen Sie sich ein »Notfallset« zu: Was hilft Ihnen gut bei Anspannung? Durchatmen, Abstand oder etwas anderes? Machen Sie sich Gedanken, damit Sie das parat haben.
- Bemühen Sie sich um »Reparatur«: Besprechen Sie solche Szenen nach, um sich und die andere Person besser zu verstehen, damit Sie in Zukunft anders handeln können.

2.6 Wegweiser für ein zufriedenstellendes Gespräch im medizinischen Kontext

Vielleicht haben Sie bereits Erfahrungen mit Gesprächen im Gesundheitskontext gemacht, die nicht nach Ihren Wünschen gelaufen sind und von denen Sie nicht auf die gewünschte Art und Weise profitieren konnten. Besonders im Fall von chronischen Körperbeschwerden kommt dies leider häufiger vor. Das hat nicht nur mit Einzelpersonen, sondern auch mit den Bedingungen zu tun. In der Ambulanz eines Krankenhauses, aber auch in ambulanten Praxen, sind für Gespräche und Untersuchungen häufig nur kurze Zeitfenster eingeplant.

In diese sind zum Teil bereits die Dokumentationszeiten mit eingerechnet. Zudem ist es nicht immer so, dass alles reibungslos abläuft. Notfälle und andere Unwägbarkeiten stellen nicht selten den ganzen Plan wieder auf den Kopf. Das führt zu einer zeitlichen Begrenzung, aber auch zu einem gewissen Druck, den Zeitplan einzuhalten oder zumindest nicht noch weiter zu überziehen. Gespräche werden zudem nicht hoch vergütet. Praxen und Krankenhäuser stehen allerdings unter dem Druck, in der kurzen Zeit möglichst viel zu erwirtschaften. Die Einzelperson, die Ihnen also vielleicht gestresst, kurz angebunden und mit einem Auge auf dem Bildschirm gegenübersitzt, meint es vermutlich mit diesem Verhalten nicht persönlich, sondern gibt sich große Mühe, trotz geringer Kapazität immer noch für Sie da zu sein. Ich möchte hier nicht Mitleid für medizinisches Personal schüren, sondern vielmehr den Gedanken anregen: Es ist nichts Persönliches, die Umstände sind meist nicht ideal.

Aber was machen wir jetzt, wo wir das festgestellt haben? Wie können wir trotzdem ein gelingendes Gespräch führen und wie können Sie, v. a. als Patient:in oder Angehörige:r das Beste für sich rausholen?

Wie immer in der Kommunikation können beide am Gespräch Teilnehmende dieses im besten Fall zu ihren Gunsten beeinflussen. Was also können Sie tun?

Ein gutes ärztliches Gespräch beginnt für beide Seiten bereits vor dem ersten Satz. Die Person, die Ihnen gleich gegenübersitzt, hat vermutlich bereits Unterlagen oder zumindest Informationen über den Anlass Ihres Besuchs und klinische Erfahrung, die natürlich auch zu Vorannahmen und -ideen führt. Aber auch Sie haben sich vorbereitet. Sie haben vielleicht alle Ihre medizinischen Berichte in einem Ordner vorsortiert oder einen Zettel mit Ihrer Beschwerdehistorie geschrieben. Das ist wichtige Vorarbeit.

Im Folgenden finden sich einige Vorschläge zur Vorbereitung, die Sie aufschreiben und mitnehmen können. Diese Tipps sind allgemein gehalten und bieten sich als Vorarbeit für jedes Gespräch im medizinischen Kontext an. Die Hinweise sind dabei in Informationen (Was muss die behandelnde Person über mich wissen?) und Fragen (Was will ich von der behandelnden Person erfahren?) gegliedert. Sie können auch die an dieses Kapitel angelehnte Onlinevorlage als Unterstützung für Ihr nächstes Gespräch nutzen.

2.6.1 Informationen weitergeben

Das Gespräch beginnt in jedem Fall mit einer Anamnese, das heißt Sie sind die Person, von der wichtige Informationen gesammelt werden, um Diagnosen abzuwägen und Behandlungen zu empfehlen.

Vor dem Gespräch:

- *Gliedern* Sie Ihre Diagnosen und Krankheitsgeschichte vorab, sodass Sie schnell erklären können, was Ihr Anliegen ist. Dabei ist es von Vorteil, Untersuchungsbefunde nicht chronologisch, sondern thematisch zu gliedern.
- Überlegen Sie gut, was für dieses Gespräch *wichtig* ist: Soll die Person Ihre ganze Krankengeschichte kennen oder sind neue Beschwerden aufgetreten, die noch nicht eingeordnet wurden oder wollen Sie Rückmeldung zu einer Behandlung geben? Dieses Anliegen sollte ganz am Anfang stehen: »Ich bin heute hier, weil …« Schreiben Sie sich Ihr Anliegen vielleicht sogar auf.
- Zur Krankengeschichte gehören auch *Vorbehandlungen.* Machen Sie sich eine Liste der für diesen Termin wichtigen Vorbehandlungen mit folgenden Informationen: Wer hat die Behandlung empfohlen? Wo wurde die Behandlung durchgeführt? Welchen Effekt (erwünscht/unerwünscht) habe ich bemerkt?

Im Gespräch:

- Zuallererst: Wenn die andere Person nicht den *Rahmen* setzt, fragen Sie nach: Wie viel Zeit haben wir heute? Ist ein zweites Gespräch geplant oder möglich? Wenn Sie Zeitrahmen und Bedeutung des Gespräches aus der anderen Perspektive kennen, können Sie festlegen und priorisieren, was Ihnen für diesen Termin wichtig ist.
- Bringen Sie Ihr *Anliegen* vor, dass Sie zuvor auf den Punkt gebracht haben. Es sollte die Frage beantworten, was Sie in diesem Gespräch erreichen wollen. Wollen Sie eine Diagnose, eine Zweitmeinung, eine neue Empfehlung oder brauchen Sie beispielsweise einen Befund zur Vorlage bei einer Behörde? All dies sind nützliche Informationen, die das Gespräch gleich in Richtung Ihres Anliegens leiten.
- Nehmen Sie sich am Ende des Gesprächs noch einmal Zeit *zusammenzufassen.* Kündigen Sie dies ruhig an (»Damit ich nichts falsch verstehe und wir auf dem gleichen Wissensstand sind, darf ich Ihnen kurz beschreiben, wie ich das Ergebnis unseres Gespräches verstehe?«) und gehen Sie dann langsam die Fakten durch. Dabei fällt es Ihnen gegebenenfalls auch auf, ob Sie bei einer Sache noch mehr Information

benötigen. Andererseits hat auch Ihr Gegenüber so die Möglichkeit, etwaige Missverständnisse aufzugreifen.

2.6.2 Fragen stellen

Auch hier bietet es sich an, wichtige Fragen vor dem Gespräch zu notieren und diese zu gliedern. Am besten gelingt dies thematisch. Also fassen Sie beispielsweise Fragen zusammen, die Sie zur Behandlung haben, ebenso wie Fragen, die zur Diagnostik stellen möchten. Im Folgenden finden Sie Beispiele, wie sie im Gespräch präzise Nachfragen stellen können, die Ihnen weiterhelfen. In Vorbereitung auf Ihr Gespräch, können Sie sich Fragen unterstreichen, die Ihnen bereits im Vorfeld besonders wichtig sind.

Zum Thema Diagnostik:

- Ist die bisher abgelaufene Diagnostik vollständig?
- Wie ist es mit Diagnostik XY? Halten Sie diese für nötig? Wie kommen Sie zu dieser Einschätzung?
- In welchen Fällen müssten wir die Diagnostik erweitern? Ist es nötig, bestimmte Werte im Blick zu behalten?
- Wie und mit welchen Befunden begründen Sie diese Diagnose?
- Können Sie andere Diagnosen ausschließen?

Zum Thema Behandlung:

- Wie bewerten Sie die bei mir bisher durchgeführten Behandlungen?
- Welche Behandlung empfehlen Sie?
- Wie kommen Sie zu dieser Empfehlung?
- Was ist die wissenschaftliche Grundlage Ihrer Empfehlung?
- Welche Erfahrung haben Sie mit dieser Behandlung?
- Woran kann ich merken, dass die Behandlung wirkt?
- Wie schnell ist mit einer Verbesserung zu rechnen?
- Woran kann ich bemerken, dass die Behandlung wirkt?
- Mit welchen Nebenwirkungen und Begleiterscheinungen ist zu rechnen?

- Haben Sie schon von Behandlung XY gehört? Kommt diese für mich in Frage? Warum/warum nicht?

Begriffserklärung

Vorsicht »Ärztedeutsch«! Selbst wenn Sie sich gut auf ein Gespräch vorbereiten und Ihre Informationen und Fragen gut sortiert haben, gibt es häufig noch weitere Kommunikationshürden, insbesondere im Gespräch mit Ärzt:innen. Im Medizinstudium werden viele Fachbegriffe gelehrt, die der effizienten und eindeutigen Kommunikation untereinander dienen, die man aber den Patient:innen wiederum übersetzen muss, da diese in der Alltagssprache nicht gebräuchlich sind. Im Folgenden finden Sie einige, häufig im Gespräch oder in Befunden verwendete Begriffe und deren Erläuterung.

- *Indikation/indiziert* — Wörtlich: Anzeige. Eine Behandlung ist angezeigt, es besteht der Bedarf einer Behandlung.
- *o. B./o. p. B.* — Ohne (pathologischen) Befund: die Untersuchung ergab keinen Hinweis auf eine Störung.
- *V. a.* — Verdacht auf.
- *z. A./Ausschluss* — Zum Ausschluss. Diagnostik wird durchgeführt, um eine spezifische Störung auszuschließen.
- *DD/Differenzialdiagnose* — Die Befunde deuten auf eine Störung hin, die aber (noch) nicht klar von einer anderen Diagnose (der Differenzialdiagnose) abgegrenzt werden kann.
- *Therapierefraktär* — Eine Störung hat nicht ausreichend auf die bisherigen Behandlungsversuche angesprochen.

Für die »Übersetzung« gibt es mittlerweile geförderte und kostenfreie Initiativen (z. B. www.washabich.de oder www.befunddolmetscher.de), an die sich Patient:innen mit ihren persönlichen Befunden wenden können.

Wenn Sie im Gespräch etwas nicht verstehen, fragen Sie unbedingt nach! Ärzt:innen sprechen in der Regel nicht absichtlich unverständlich und erklären gerne un- oder missverständliche Begriffe.

2.7 Eine Sprache finden – vom Reinspüren zum Aussprechen

Wie in ▶ Kap. 1.1 beschrieben, ist es sehr individuell, welche Worte Sie für Ihre Fatigue verwenden und wie Sie diese anderen erklären. Einer der genannten Irrtümer im Kontakt ist häufig, dass andere schon wissen, worüber wir sprechen, bzw. das Gleiche wie wir, mit den gleichen Worten meinen. Wenn es um unser Empfinden geht, ist dies sicher nicht richtig. Ein Vergleich: Überlegen Sie sich, wie sich »Liebe« für Sie anfühlt. Allein dies zu formulieren und in Worte zu fassen, stellt eine Herausforderung dar. Überlegen Sie zweitens, wie Sie dies einem anderen Menschen deutlich machen können, dass diese Person, ihre Perspektive nachempfinden oder gar nacherleben kann. Gar nicht so einfach.

Mit Fatigue verhält es sich nicht anders. Auch wenn Ihre Beschreibungen immer nur Annäherungen sind und nicht unbedingt das hundertprozentige, exakte Einfühlen des Gegenübers nach sich ziehen, ist dies doch eine nützliche Übung mit zwei wesentlichen Funktionen:

- *Besserer Kontakt zu sich:* Wenn Sie sich wirklich mit einer Beschreibung abmühen, die Sie anderen anbieten, dann sind auch Sie Publikum dieser Erklärung. Denn der erste Schritt ist ein differenziertes, intensives Einfühlen in das eigene Erleben. Für Sie ist Ihre Fatigue Alltag und Sie überlegen sich vermutlich nicht ständig: »Wie geht es mir gerade?

Wie fühlt sich das an? Was beschäftigt mich?« Allein das Innehalten und das In-sich-Hineinspüren ist zwar erst einmal herausfordernd, hat aber einen entspannenden und erdenden Effekt. Sie sind in diesem Moment wirklich bei sich. Mitfühlend, nah und verstehend.

- *Besserer Kontakt zu anderen:* Nachdem Sie sich selbst ein Bild Ihres Inneren gemacht haben, fällt es Ihnen leichter, dies nach außen zu schildern. Wenn Sie etwas teilen, das Sie tief erlebt haben und sich selbst differenziert begreifbar gemacht haben, ist es für andere deutlich leichter, dies nachzufühlen. Es entsteht eine Resonanz zwischen Ihrem Gesagten und der Innenwelt Ihres Gegenübers, welches nicht nur intellektuell, sondern sogar im Erleben nachempfinden kann, wie Es Ihnen geht. Sie kommen sich dadurch näher.

Wenn Sie sich praktisch mit Ihrer Beschwerdesprache befassen, haben Sie eine gute Grundlage gelegt. Ihr Empfinden muss nicht immer gleich sein. Wenn Sie Ihre Fatigue einmal in Worte gefasst haben, dann ist es deutlich leichter, dies erneut oder gar mit anderen Beschwerden zu tun. Hineinspüren und Aussprechen kann beides gut geübt werden. Wenn Sie damit anfangen, schlage ich folgendes Vorgehen vor:

- Schaffen Sie eine *ruhige Atmosphäre*, vielleicht allein in einem eigenen Raum, ohne viel Nebengeräusche. Nehmen Sie sich einen Zettel zum Schreiben oder nutzen Sie alternativ das Aufnahmegerät Ihres Handys.
- Für gutes Reinspüren ist das richtige Anspannungsniveau wichtig. In den meisten Fällen bedeutet dies, es erst etwas zu senken, sich also zu *entspannen*. Nutzen Sie dazu entweder eine Technik, die sie bereits kennen, oder auch eine einfache Atemübung. Atmen Sie dazu durch die Nase ein, während Sie bis vier zählen, danach atmen Sie bis vier wieder aus. Wiederholen Sie dies ein paar Mal, bis Sie bemerken, dass Sie etwas ruhiger sind. Mehr Entspannungsübungen finden Sie in ► Kap. 3.4.
- Jetzt kann das *Reinspüren* beginnen. Beginnen Sie damit, sich zu fragen, wie erschöpft oder wie energiegeladen Sie gerade sind. Es bietet sich an, dies anhand einer Skala (1–10) zu tun oder grobe Grade wie »leicht-mäßig-schwer« für die erste Beschreibung zu finden. Ab diesem Punkt sollten Sie Ihre Gedanken und Erkenntnisse aufschreiben.

- Wenn Sie einen ersten Status festgestellt haben, dann beschäftigen Sie sich *genauer* mit dem Empfinden, das Sie gefunden haben: Wo spüren Sie es? Wie? Bleibt es gleich oder verändert es sich? Entstehen mehr und weitere Gefühle, vielleicht Traurigkeit, Frustration oder Ärger? Finden Sie dafür so viele Worte und Beschreibungen, wie Sie können. Halten Sie immer wieder kurz inne, um nachzuspüren. Notieren Sie auch Assoziationen, Gedanken, Szenen und Erinnerungen, die Ihnen möglicherweise in den Sinn kommen. Der Zettel darf ruhig voll sein.
- Nun ist es an der Zeit, einen Schritt zurückzutreten. Sehen Sie sich nochmal Ihre Aufzeichnungen an. Heben Sie Wichtiges hervor oder fassen Sie es vielleicht nochmal in einen prägnanten Satz zusammen, mit dem Sie gut in Resonanz gehen können. Der sich richtig anfühlt und Ihrem Empfinden gerecht wird.
- Nun überlegen Sie sich *eine Person*, der Sie Ihr Gefühl beschreiben wollen. Es sollte am besten eine einzelne Person sein, dann wird es leichter und klarer. Ausgehend von Ihrem Zettel: reicht Ihre Beschreibung aus, um sich verständlich zu machen?
- Finden Sie passende *Vergleiche*, die Sie der Lebensrealität Ihres Gegenübers zuschreiben. Ist Ihre Fatigue einem Empfinden ähnlich, bei dem Sie sich vorstellen können, dass es die andere Person kennt? Ein Vergleich kann auch eine Metapher sein, wie z. B. Sisyphus, der immer wieder den Stein bergauf rollen muss, oder ein Tiger im Käfig. Bilder transportieren Empfindungen, Gefühle und ihre Bewertung oft leichter. Auch dies können Sie notieren.
- Zuletzt bleibt Ihnen nur noch das *Gespräch*. Probieren Sie die Formulierung, die Sie entwickelt haben, aus. Ein aktiv zuhörendes Gegenüber wird Ihre Beschreibungen aufgreifen, Feedback geben und diese vielleicht sogar weiterentwickeln. Mit all Ihrer Vorarbeit haben Sie eine gute Vorbereitung getroffen, Ihr Gegenüber neugierig zu machen.

Neben der Version, sich allein mit der Fatigue zu beschäftigen, können Sie ähnlich im Kontakt mit anderen vorgehen. In der Psychotherapie bei chronischen Körperbeschwerden ist das genaue Verstehen und Beschreiben der Beschwerden zentraler Bestandteil und wird geübt.

Ein Beispiel, wie bildhafte Sprache genutzt werden kann, um ein besseres Verständnis der eigenen Beschwerden zu gewinnen und zu vermit-

teln:
Im Kontext von Fatigue habe ich häufiger Worte wie »erschlagen« oder »zerstört« gehört. Diese laden mich dazu ein, meine eigenen Assoziationen zu teilen. Z. B. »Also fühlen Sie sich wie kaputt, Sie funktionieren nicht mehr?« Diese Hypothese kann die andere Person, insbesondere mit Fragezeichen und nach oben gehender Stimme am Ende, leicht zurückweisen, liefert aber mehr Worte und Erklärungen. Wenn nicht, geht es weiter: »Ja, mein Körper funktioniert nicht mehr. Ich kann mich nicht mehr auf ihn verlassen.« Wenn wir an diesem Beispiel in der Therapie dranbleiben, dann entstehen rasch Szenen, beispielsweise in Beziehung zu anderen, an denen man gut weiterarbeiten kann.

Wie Sie über Ihre Fatigue sprechen und Sie beschreiben, ändert sich je nach Situation. Sie werden selbst, wenn Sie sich mit der Versprachlichung beschäftigen, immer mehr Nuancen an sich feststellen. Andererseits werden Sie auch bemerken, dass sie unterschiedliche Bedeutungen hat, die nicht nur von ihrem inneren Empfinden, sondern auch von der Situation abhängen. Das »Nicht-mehr-Funktionieren« hängt ja nicht nur mit ihrem inneren Erleben, sondern auch mit äußeren Anforderungen eng zusammen. Für Sie und andere sind das wichtige Informationen.

Zur Inspiration können Sie folgende Sprachbilder ausprobieren und weiterentwickeln:

- Leere Batterie
- Platt
- Wie gerädert
- Fass ist voll
- Ausgebrannt
- Erschlagen
- Ausgelaugt
- Kaputt
- Wie tot
- Kaum anwesend
- Wie hinter einem Vorhang
- Mit angezogener Handbremse
- Alles schwarz
- Blutleer

- Ausgeschaltet
- Überfahren
- Fertig mit der Welt
- Wie im Schlaf
- Völlig am Ende
- Abgearbeitet
- Runtergerockt

Begriffserklärung

Mit dem In-sich-hinein-Spüren sind mehrere Begriffe verwandt, die Sie vielleicht kennen oder sogar verwenden. Diese sollen hier kurz aufgeführt und gegeneinander abgegrenzt werden.

- Mitleid = Versuch der Beruhigung oder Aufheiterung einer Person, muss nicht mitfühlend sein.
- Empathie = Einfühlen in den mentalen Zustand einer anderen Person.
- Achtsamkeit = Einfühlen in und Konzentration auf eigenen mentalen Zustand.

2.8 Worte, die wirken – Suggestionen

Kommunikation besteht nicht nur aus Sprechen und Sich-Mitteilen, sondern zu einem ebenso wichtigen Teil aus zuhören, lesen und anderen Arten, eine Botschaft zu empfangen. In diesem Kapitel soll es um verborgene Botschaften geben, die Sie als Betroffene:r vielleicht aufnehmen und die Sie beeinflussen, manchmal ohne dass Sie das bewusst nachvollziehen. Darüber nachzudenken kann es einfacher machen, dies zu bemerken und zu hinterfragen, wenn es gerade ungelegen kommt.

Als Angehörige:r oder als Teil des Fachpersonals können Sie dabei auch die andere Position einnehmen. Die der Person, die vielleicht, auch ohne sich dessen bewusst zu sein, etwas sagt, was vielleicht gar nicht so günstig ist. Wir alle tun das. Besonders im medizinischen Kontext kann das aber zu Verunsicherung und falschen oder ungünstigen Annahmen führen.

Unsere Sprache ist voll von Suggestionen. Eine Suggestion (Deutsch = Vorschlag) ist eine »Beeinflussung des Denkens, Fühlens, Wollens oder Handelns eines Menschen unter Umgehung seiner rationalen Persönlichkeitsanteile auf der Grundlage eines zwischenmenschlichen Grundvollzuges, der zur affektiven Resonanz führt« (Wirtz, 2021). Also beeinflussen sie uns ganz grundlegend und sprechen vor allem unsere Gefühle an, lösen also etwas aus und sind dadurch besonders wirksam. Eine gute Suggestion lässt uns nicht kalt. Sonst ginge die Botschaft verloren oder an uns vorbei.

Suggestionen sind auch eng verbunden mit Phänomenen wie Placebo, weil sie unsere Erwartung beeinflussen. Manchmal spricht man bei einer Hypnose auch von Suggestion. Suggestionen verändern unsere Erwartungen und können damit zum Beispiel die Behandlung beeinflussen. Für welche Behandlung wir uns entscheiden, ob wir uns von dieser eine Wirkung erwarten oder gar, ob und wie sie wirkt.

Ein Beispiel

Sie suchen eine neue Ärztin auf, die Ihnen im Umgang mit Ihrer Fatigue weiterhelfen soll. Nach gründlichem Studium Ihrer Akten, schlägt Ihnen die Ärztin das Medikament Fatigin (Name und Medikament sind frei erfunden) mit folgenden Worten vor:

»Mit Fatigin habe ich sehr viel Erfahrung. Es wirkt besonders bei Fällen wie Ihrem, wenn schon viel probiert wurde gut.«

Oder mit folgenden Worten:

»Puh. Sie haben ja ganz schön viel ausprobiert. Es gibt so ein Mittel, das gibt man dann, wenn sonst nichts geholfen hat. Muss man sehen.«

Oder so:

»Ich sag ja immer: Fatigin. Ich verstehe nicht, warum die Kollegen das nicht verschreiben. Ist doch in der neuen Leitlinie drin. Ich schreibe es Ihnen auf. Wäre gut gewesen, wenn Sie schon vor drei Monaten damit angefangen hätten. Aber gut.«

Oder:

»Ich sehe gerade, Sie sind ein guter Kandidat für unsere Studie. Wir führen gerade eine Studie zu Fatigin durch und brauchen dafür noch Teilnehmer. Das Medikament wird schon ganz lange gegen Wurmerkrankungen eingesetzt und wir denken, dass es vielleicht auch bei Fatigue etwas bringt. Sie sind nicht auf Soja allergisch, oder?«

Vier Mal erhalten Sie ein Rezept für Fatigin, wenn Sie der Behandlung zustimmen. Das gleiche Rezept. Aber verlassen Sie die Praxis mit dem gleichen Gefühl, der gleichen Erwartung? Vermutlich nicht. Ärzt:innen und andere Expert:innen, oder mutmaßliche, können mit Ihren Worten, der Wortwahl, der Betonung, der Formulierung, viel verursachen. Das ist besonders bei chronischer Fatigue relevant, da diese Worte auf Vorerfahrungen treffen, vielleicht auf Misstrauen oder vielleicht auch auf große Hoffnung und die dazugehörige rosarote Brille. Das hat viel Einfluss auf Sie und Ihre Therapie. Dieser mehr oder weniger versteckten Botschaften sind sich die Betreffenden häufig nicht bewusst.

Ein sehr geschätzter Kollege empfahl in einer Ambulanz, in die viele Menschen mit Fatigue kamen, häufiger Psychotherapie. Es war ihm besonders wichtig, immer wieder zu vermitteln, wie normal und unkompliziert es ist, Psychotherapie in Anspruch zu nehmen. Ehrenwert. Er erwartete sich jedoch stets viel Widerspruch und Gegenwehr und wollte beidem übereifrig in seinen Formulierungen begegnen. Dann kam so etwas heraus wie:

»Ich möchte Ihnen jetzt nicht zu nahe treten, aber ...«

Was löst dieser Satzanfang bei Ihnen aus? Bei mir war es meist Anspannung. Ich hatte häufig das Gefühl, dass der Kollege dadurch das Gegenteil bewirkte von dem, was er eigentlich vorhatte.

Ein Mechanismus ist auch, dass wir Verneinungen zwar rational erfassen, aber dass das kleine »Nein« oder »nicht« nicht in die Welt unserer Gefühle vordringt. Wir hören dann den Teil »zu nahe treten« und gehen automatisch in Kampf- und Abwehr oder mindestens in eine Schutzhaltung und fühlen den wohlmeinenden Therapievorschlag als Angriff.

Auch für die Formulierung von Wünschen und Zielen ist dies wichtig. Wenn Sie diese mit einer Verneinung formulieren, also zum Beispiel: »Ich will keine Schmerzen mehr haben« oder »Ich will mich nicht mehr so unterbuttern lassen.« Das sind oft die Motive, also die Unlust, aus der sich das Ziel bildet, aber geben keine Richtung an. Im Gegenteil. Wenn man das leicht zu überhörende »nicht« oder »kein« weglässt, dann bleibt das Problem, das wir eigentlich vermeiden wollten.

Denken Sie jetzt nicht an einen rosa Elefanten! Na, was haben Sie gedacht? Eben. Hat sich Ihr Gehirn für das kleine »nicht« interessiert? Vermutlich nicht. Wenn wir tatsächlich nicht an den leidigen Elefanten denken wollen, müssen wir uns überlegen, woran wir stattdessen denken wollen. An ein Lama? An einen Storch? An einen Salamander? Jetzt war er vermutlich kurz weg, Ihr Elefant.

Begriffserklärung

Eine beliebte Selbstsuggestion: die »Selffulfilling Prophecy« (Deutsch: sich selbst erfüllende Prophezeiung):

Das Konzept der sich selbst erfüllenden Prophezeiung beschreibt, dass unsere Erwartungen und der Glauben daran, dass etwas passiert, ebendiesen Effekt bewirken können. Zum Beispiel in der Wirtschaft: Wenn wir denken, dass eine Aktie fällt, dann verkaufen wir sie. Machen das genug Menschen, dann fällt die Aktie tatsächlich.

In medizinischen Behandlungen spielen unsere Erwartungen eine große Rolle, da sie auch ohne, dass wir uns dessen bewusst sind, unser Verhalten beeinflussen. Wenn wir am Erfolg einer Behandlung zweifeln oder sogar von deren Scheitern ausgehen, können wir uns quasi versehentlich so verhalten, dass dies auch eintritt. Gerade bei komplexen Körperbeschwerden und Therapien wie Physio- oder Psychotherapie ist dies gerne der Fall. Manchmal hört man am Ende einer Behandlung auch ein frustriertes »Habe ich doch gewusst, dass das nichts wird!«. Ja, das wurde vielleicht auch zum Teil »herbeiprophezeit«. Wir alle sind von diesen Prophezeiungen betroffen, es kann aber helfen, wenn wir uns ihrer, zumindest nachträglich, bewusst werden.

Wie werden also Suggestionen im Kontext von Fatigue bedeutsam? Die Sie behandelnden und beratenden Personen haben auch durch Ihre Wortwahl großen Einfluss darauf, wie Sie Beschwerden erleben und bewerten. Worte wie »chronisch« und »schwerwiegend« können einerseits wertschätzend und Anteil nehmend klingen, auf der anderen Seite vielleicht aber den Mut nehmen, eine Behandlung zu unternehmen. Es kann hilfreich sein, dies zu wissen. Als ärztlich oder therapeutisch tätige Person sollte man sich auch dieser Komponente der Behandlung bewusst sein, um nicht versehentlich schwierige Botschaften zu schicken. Als Betroffene:r kann es auch günstig sein, sich dessen bewusst zu sein, um diese Botschaften ansprechen oder selbst hinterfragen zu können.

Man kann sich aber natürlich auch die gute Seite der Suggestion zu Nutze machen. Dies tut man zum Beispiel mit einem Mantra wie »Ich schaffe das.« Auch Ziele sollten nach Möglichkeit nach diesen Grundsätzen formuliert sein. Hier spielen Regeln wie das Weglassen des Neins und die Kraft eines guten inneren Bildes eine wichtige Rolle (▶ Kap. 3.5).

2.9 Hilfe suchen und annehmen

Die vorangegangenen Kapitel des zweiten Teils können als vorbereitend für dieses zentrale Thema verstanden werden: Wie bekommen Sie Hilfe und wie können Sie diese annehmen?

Was löst das Thema »Hilfe« bei Ihnen aus? Macht es Sie traurig, weil Sie sich allein gelassen fühlen? Sind Sie verzweifelt oder verärgert, wenn Sie sich vorstellen, nach Hilfe fragen zu müssen? Für viele Menschen, die chronisch krank sind, ist das Thema »Hilfe annehmen« ein heikles. Warum ist das so?

Mögliche innere Gründe sind:

- *Unangenehme Konnotation:* Wer Hilfe erhält, ist hilflos, kann sich nicht selbst helfen. Das kann die Bedeutung sein und der Beigeschmack.

- *Angst vor Abhängigkeit:* Wenn ich mir allein nicht helfen kann und Hilfe bekomme, dann bin ich abhängig von anderen, mache mich angreifbar.
- *Sorge, eine Zumutung zu sein:* Wenn andere sich um mich kümmern und mir helfen, dann sind sie durch mich belastet. Vielleicht verändert sich ihr Bezug zu mir, vielleicht schätzen sie mich weniger.

Haben Sie sich in diesen Gedanken wiedergefunden? Haben Sie ähnliche Gedanken, wenn es um das Thema Hilfe suchen und annehmen geht? Dann helfen die schönsten Formulierungen wenig, wenn der innere Widerstand zu groß ist. In ► Kap. 2.2 haben Sie sich vielleicht bereits mit Ihrer Rolle beschäftigt. Wenn Sie mit Ihrer Krankenrolle hadern, kann es umso schwieriger sein, Hilfe anzunehmen. Auch dies erfordert Übung und wird nicht von heute auf morgen angenehm. Gute Erfahrungen mit Hilfe sind hier wertvoll. Vielleicht helfen Ihnen auch folgende Gedanken:

- *Andere wollen etwas tun:* Ihre Freund:innen, Ihre Familie sehen, wie es Ihnen geht und fühlen sich vermutlich selbst hilflos. Sie werden sich freuen, etwas tun zu können, um sich selbst wieder wirksam zu fühlen.
- *Hilfe verbindet:* Die helfende Person und die Person, der geholfen wird, fühlen sich über die Hilfe verbunden. Hilfe ist für beide ein schöner gemeinschaftlicher Moment, der dazu dienen kann, Beziehungen zu knüpfen und zu vertiefen.
- *Hilfe annehmen ist aktiv:* Wichtig ist, dass Sie wissen, dass Sie ein aktiver Teil sind. Eine »Hilfe«, zu der Sie sich nicht entscheiden und der Sie nicht zugestimmt haben, ist, auch wenn Sie sie nicht aktiv abgelehnt haben, eine Grenzverletzung. Hilfe annehmen bedeutet eben nicht, regungslos dazuliegen und alles über sich ergehen zu lassen, sondern sich bewusst zu entscheiden, wen Sie was tun lassen. Sie sind damit nicht passiv, sondern aktiv nehmend.
- *Durch Hilfe lernen Sie:* Indem Sie Hilfe annehmen, lassen Sie andere Menschen überlegen, was Ihnen helfen könnte. Sie haben so weitere Perspektiven auf Ihr Problem und vielleicht hat die andere Person Ideen, auf die Sie nicht gekommen wären. Wenn Sie durch die Hilfe tatsächlich Unterstützung erfahren oder sich besser fühlen, haben Sie vielleicht eine neue Ressource gelernt. Wenn Sie bemerken, dass die

dargebotene Hilfe im Effekt wenig Hilfreiches bringt, dann haben Sie auch das gelernt und wissen, was Sie nicht noch einmal so versuchen müssen.

Wenn Sie beim Lesen den ersten beiden Punkten wenig abgewinnen konnten, dann schlage ich folgendes Gedankenexperiment vor: Stellen Sie sich eine Person vor, die Ihnen nahesteht und wichtig ist. Stellen Sie sich vor, diese Person würde unter ausgeprägter Müdigkeit leiden. Stellen Sie sich dabei ruhig die eigenen Beschwerden und Krankengeschichte vor, nur eben nicht bei sich selbst, sondern bei der Ihnen wichtigen Person. Was löst das bei Ihnen aus? Wie fühlen Sie sich der Person gegenüber? Wollen Sie helfen? Wie wollen Sie helfen oder Ihre Unterstützung anbieten? Was würden Sie dieser Person erwidern, wenn sie beispielsweise beteuern würde, Ihre Hilfe nicht annehmen zu wollen, weil Sie sich wie eine Zumutung fühle? Vielleicht kann es an dieser Stelle auch hilfreich sein, diese Gedanken zu verschriftlichen.

Wenn Ihnen gerade keine Hilfe angeboten wird, die Sie ablehnen oder annehmen können, dann können Sie auch danach fragen. Hier haben Sie in ► Kap. 2.4 bereits Handwerkzeug mitbekommen, das Sie hier einsetzen können.

Sollten Sie trotz Gedanken und Anregungen keine nahestehenden Personen haben, die Sie fragen wollen oder können, dann können Sie sich an soziale Dienste (zum Beispiel den örtlichen sozialpsychiatrischen Dienst) für konkrete Hilfen oder beispielsweise an Selbsthilfegruppen zu Ihrer Erkrankung für Verbundenheit und Rat wenden. Sie dürfen auch Ärzt:innen und Therapeut:innen fragen, wo Sie Hilfe finden, wenn Sie ein konkretes Anliegen haben. Scheuen Sie sich nicht. Das Schlimmste, was Ihnen mit Ihrem Hilfe-Suchen dort passieren kann, ist, dass jemand nicht hilft. In der Regel werden sich alle bemühen, etwas zu tun. Viel wahrscheinlicher werden Sie eine, vielleicht überraschende, gute Erfahrung machen.

3 Etwas tun – Umgang und Strategien bei Fatigue

Im dritten Teil dieses Buches sollen Möglichkeiten und Strategien besprochen werden. Die Strategien sind auf psychotherapeutischer und psychosomatischer Grundlage entwickelt und eignen sich für die Eigenübung, aber auch für den therapeutischen Kontext. Die besprochenen Übungen und Strategien sind bei jeder Art chronischer Fatigue anwendbar und nicht auf einen Entstehungsmechanismus der Beschwerden, sondern auf die zur Chronifizierung beitragenden Einflussfaktoren ausgerichtet.

Wenn Sie die Übungen für sich allein machen, dann dient das Buch als Gegenüber, das Sie begleitet. Viele Menschen profitieren aber darüber hinaus von einer therapeutischen Begleitung. Sie finden hier auch Möglichkeiten der Weiterbehandlung, die beschrieben und erklärt sind. Alle Übungen sind möglichst grundsätzlich und universell gestaltet. Wenn die Umsetzung einer Übung einem ärztlichen Rat widerspricht, den Sie befolgen, wandeln Sie sie nach Rücksprache ab oder lassen Sie sie weg. Die Möglichkeiten Ihrer Diagnose und Behandlung haben stets Vorrang.

Um Ihnen Ihre Eigenübung zu erleichtern, gehören zu diesem Buch Arbeitsblätter, die Sie online finden und nutzen können, sowie Imaginationsübungen als Text und als Audiodatei.

Lassen Sie sich von den Übungen inspirieren und begreifen Sie diese als Anregungen. Manche sagen Ihnen vermutlich mehr zu als andere. Zwingen Sie sich nicht gleich zur schwierigsten Übung für sich. Es hat nicht unbedingt einen Mehrwert, jede einzelne Übung in den Alltag zu integrieren, sondern kann stattdessen nützlich sein, sich auf hilfreiche und leicht zu integrierende Übungen zu konzentrieren und diesen auch Zeit und Raum zu geben. Zeit ist dabei ein wichtiges Stichwort. Seien Sie nicht frustriert, wenn eine Übung nicht gleich funktioniert, Ihnen die

Durchführung schwerfällt oder es nicht gleich einen für Sie bemerkbaren Effekt gibt. Das braucht Zeit. Die beste Übung für Sie ist diejenige, die Sie fordert, aber für Sie machbar ist und, auf die Sie auch Lust haben oder in deren Beschreibung Sie sich selbst wiedererkennen. Vielleicht ist es Ihnen bereits im zweiten Teil so gegangen, dass Sie sich manchmal genau wiedererkannt haben und zu anderen Zeiten ganz und gar nicht.

Bleiben Sie dennoch neugierig und probieren Sie ruhig mal etwas aus, was Ihnen zu Beginn merkwürdig vorkommt. Übungen sollen auch zu Wachstum führen, müssen also ein bisschen herausfordern. Genauso ist es im Fitnessstudio. Wenn es Ihnen dort beim ersten Besuch gleich gelingt, mit einem bestimmten Hantelgewicht zu trainieren, freuen Sie sich natürlich und das zeigt Ihnen, dass eine bestimmte Muskelgruppe schon gut Kraft hat. Wenn Sie aber bei derselben Übung und demselben Gewicht bleiben, werden Sie nicht mehr Kraft entwickeln. Also: wagen Sie sich, auch in diesem Buch, an die schwereren Hanteln und die weniger trainierten Muskelgruppen heran.

3.1 Welche medizinischen Möglichkeiten gibt es?

Da Fatigue keine eigenständige Erkrankung ist, sondern als Symptom im Kontext ihrer Erkrankung verstanden wird, geht es in der somatischen Medizin zunächst um die Behandlung der Grunderkrankung. In vielen Fällen, vor allem bei akuter Erkrankung, führt eine Behandlung, die am ursächlichen, biologischen Entstehungsmechanismus ansetzt, zu einer Verbesserung der damit verbundenen Symptome, also auch zu einer Verbesserung der Fatigue, falls diese ursächlich so erklärt ist. Selbst bei klarer Ursache ist jedoch eine Heilung nicht immer möglich und damit die derartige Beseitigung der Fatigue nicht möglich, wenngleich eine Verbesserung auch ohne eine vollständige Heilung oft gelingt.

In den letzten Jahren gab es große Bestrebungen, einen medikamentösen oder anders medizinischen Ansatz für die Behandlung von Fatigue bei mehreren Störungen zu finden. Vor allem CFS steht hier sehr im Fokus. Die deutsche Leitlinie zu Müdigkeit kam zuletzt zu dem Schluss, dass keine der erprobten Behandlungen einen ausreichenden wissenschaftlichen Nachweis erbracht hat und damit empfohlen werden sollte. Es wurden unter anderem Antidepressiva, Stimulanzien, also wachmachende Stoffe, Testosteron und Melatonin untersucht. Vielfach wurde auch vorgeschlagen, Eisen zu geben. Dies ist jedoch nur bei tatsächlich bestätigtem Eisenmangel nützlich. In diesem Fall kann man dann davon ausgehen, dass der Eisenmangel mit ursächlich für die Beschwerde ist, und auch davon ausgehen, dass sich die Fatigue durch Eisengabe bessert.

Da dieses Buch Fatigue als Beschwerde bei unterschiedlichen Störungen betrachtet und das diesbezügliche Wissen gering ist, ist dieses Kapitel entsprechend kurz. Wenn Sie hinsichtlich Ihrer spezifischen Erkrankung weiterlesen möchten, empfehle ich Ihnen die DEGAM-Leitlinie Müdigkeit und die dort vermerkten Quellen (Deutsche Gesellschaft für Allgemeinmedizin und Familienmedizin (DEGAM), Berlin, 2022).

Achtung

»Es gibt da diese neue Behandlung, die wird derzeit noch nicht von der Krankenkasse bezahlt, aber die ist super!« – Vorsicht!

Besonders dort, wo es viel Verzweiflung und wenig tatsächlich wissenschaftlich fundierte Behandlung gibt, werden gerne Behandlungen angeboten, die noch erforscht werden oder sich sogar ganz fernab der wissenschaftlichen Standards der Medizin bewegen. Diese können natürlich helfen oder wirken und es gibt meist Anekdoten von Bekannten oder Patient:innen, denen dies oder jenes wunderbar geholfen hat. Es spricht grundsätzlich nichts dagegen, etwas auszuprobieren, gerade dann, wenn vieles bereits erfolglos versucht wurde.

Aber, und das ist ein großes »Aber«, Sie sollten immer kurz überlegen, ob und wie Ihnen die Behandlung auch schaden kann. So sind beispielsweise Behandlungen, die auf das Immunsystem einwirken (Stichwort: Kortison) mit Wirkungen und Nebenwirkungen auf den gesamten Organismus verbunden, was ein Risiko darstellt. Behandlungen, die nicht von Ihrer Krankenkasse bezahlt werden, genügen (noch) nicht den wirtschaftlichen Anforderungen der Krankenkasse in Sachen bewiesener Wirksamkeit. Wenn Sie von der Wirkung überzeugt sind, dann können Sie die Behandlung grundsätzlich auf eigene Kosten in Anspruch nehmen. Achten Sie jedoch darauf, sich auch nicht finanziell zu schaden und holen Sie sich bei Zweifeln mindestens eine weitere ärztliche Meinung ein.

3.2 Psychosomatische und psychotherapeutische Behandlung von Fatigue

Bei chronischer Fatigue wird häufig eine multimodale Behandlung empfohlen. Diese kann ambulant, auf einer psychosomatischen Station in einer Klinik oder in einer Rehabilitationseinrichtung erfolgen. Im Folgenden werden die Hintergründe der jeweiligen Verfahren genauer besprochen.

3.2.1 Psychosomatische Behandlung

Die Psychosomatische Medizin ist eine wichtige Anlaufstelle für viele chronische Körperbeschwerden. Dabei ist es oft nicht ausschlaggebend, ob diese Beschwerden einen klaren körperlich begründeten Auslöser hatten oder nicht. Die Mechanismen, die der Chronifizierung zugrunde liegen, nehmen kaum Rücksicht auf den Entstehungsmechanismus, sondern beinhalten stets biologische, psychologische und soziale Aspekte. Um all diese Aspekte abzubilden, braucht es eine *multimodale Behandlung*. Eine multimodale Behandlung beinhaltet Therapien aus unterschiedlichen Bereichen, also z. B. medikamentöse, physiotherapeutische und psychotherapeutische Strategien. Sie ist dadurch in der Regel *interdisziplinär*. Das bedeutet, dass auch Fachpersonen mit unterschiedlicher Ausbildung gemeinsam einen Fall behandeln, also beispielsweise Krankenpfleger:innen, Ärzt:innen, Psycholog:innen und Physiotherapeut:innen. Durch die unterschiedlichen Berufsgruppen entstehen so viele unterschiedliche Perspektiven und es ist leichter, sich ein Gesamtbild zu machen, das die Grundlage der Therapie ist.

Multimodal (Adjektiv) = beinhaltet mehrere Arten (»Modi«) z. B. von Behandlung.
Interdisziplinär (Adjektiv) = Expert:innen aus unterschiedlichen Disziplinen arbeiten zusammen.
Integrativ (Adjektiv) = Therapie ist auf mehreren Therapieschulen (Verfahren) begründet.

In der Psychosomatischen Medizin werden biologische, psychologische und soziale Faktoren in diagnostische Überlegungen und in die Behandlung miteinbezogen. Sie findet stationär oder teilstationär (= tagesklinisch) statt. Bei einer teilstationären oder tagesklinischen Behandlung übernachten Patient:innen nicht in der Klinik, sondern verbringen dort nur den Tag, meist Vormittag und Nachmittag, Mittagessen gibt es in der Klinik. Das kann für Menschen besonders gut sein, die zuhause Kinder oder Angehörige versorgen oder denen es hilft, das eigene Umfeld während der Behandlung nicht aus den Augen zu verlieren.

Eine (teil-)stationäre psychosomatische Behandlung besteht meist aus einer Zusammenstellung folgender Therapien:

- *Ärztliche Behandlung:* Auf einer psychosomatischen Station werden alle Patient:innen ärztlich behandelt und betreut. Dies beinhaltet die genaue Sichtung von Vorbefunden, die Diagnosestellung und die fortlaufende Behandlung. Dabei werden, je nach Notwendigkeit, im Verlauf zum Beispiel die Medikation angepasst oder es erfolgen regelmäßige Blutabnahmen. In manchen psychosomatischen Kliniken können auch körperlich schwer erkrankte Patient:innen, beispielsweise mit chronischem Nierenversagen und Dialysepflicht oder Krebserkrankungen behandelt werden, die einer engmaschigen und intensiven ärztlichen Behandlung bedürfen.

- *Pflegerische Behandlung:* Die Krankenpflege in der Psychosomatik hat, neben der üblichen Aufgaben, noch andere Aufgaben. So arbeiten Pfleger:innen auch psychotherapeutisch. Sie stehen für Gespräche im Krisenfall oder auch für geplante Interventionen zur Verfügung, leiten Entspannungsübungen und Gruppentherapien an, gestalten das Miteinander (»Milieu«) der Station und sind für die meisten Anliegen die ersten Ansprechpartner:innen. Dem Miteinander zwischen den Patient:innen wird eine große therapeutische Bedeutung zugeschrieben. Hier spricht man manchmal von der sogenannten »Milieutherapie«.
- *Psychotherapeutische Behandlung:* Die psychotherapeutische Behandlung erfolgt durch Psychotherapeut:innen, die Psychologie oder Medizin studiert haben. Beide werden im Fachgebiet dazu ausgebildet, psychotherapeutisch zu arbeiten. Jede:r Therapeut:in muss sich für ein sogenanntes Richtlinienverfahren (Verhaltenstherapie, tiefenpsychologisch fundiert, Psychoanalyse oder systemisch) entscheiden. Auf einer somatischen Station kann es sein, dass eines der Verfahren die Grundlage der Behandlung bildet, oder dass es sich um eine Mischung der Verfahren handelt, das nennt man dann »integrativ«. Psychotherapie gibt es im Einzel- und im Gruppenformat. Für alle Patient:innen werden in der Behandlung psychotherapeutische Ziele festgelegt, an denen im Verlauf der Behandlung gearbeitet werden kann.
- *Sozialtherapeutische Behandlung:* Ein wichtiger Teil der multimodalen psychosomatischen Behandlung ist die sozialtherapeutische Behandlung. Hier erfolgt zu Beginn der Behandlung eine Erfassung der sozialen Situation, auf deren Grundlage dann Ziele gesetzt werden. Zur sozialen Situation gehören Einbindung, Beruf, Finanzen oder auch häufig die Kommunikation mit Behörden. Im Fall chronischer Erkrankung ist es im zeitlichen Verlauf nötig, sich mit unterschiedlichen Kostenträgern, wie Kranken- oder Rentenkasse, auseinanderzusetzen. Da dies sehr kompliziert sein kann, ist es hilfreich, hier unterstützt zu werden. Oft haben zudem soziale Gegebenheiten einen großen Einfluss auf die gesundheitliche Situation und auf die Umsetzbarkeit von empfohlenen Maßnahmen.

- *Physiotherapeutische Behandlung:* Die Diagnostik und Behandlung der körperlichen Funktion haben einen hohen Stellenwert in der Psychosomatik. Physiotherapeut:innen sind deswegen integraler Bestandteil des Teams. Sie bieten Einzel- oder Gruppentherapien an und behandeln ein breites Spektrum an Störungen und Beschwerden. Im Fall von Fatigue kommt ihnen eine große Bedeutung zu, da sie sich nicht nur mit Beweglichkeit, sondern insbesondere auch mit Leistung und Kondition gut auskennen. Sie gestalten und betreuen leistungsangepasste Bewegungstherapien und arbeiten an Plänen im Rahmen der gestuften Aktivierung.
- *Körpertherapeutische Behandlung:* Neben der Physiotherapie werden meist andere Formen der Körpertherapien angeboten. Dazu gehört häufig die Konzentrative Bewegungstherapie. Diese wird oft als Form der Körperpsychotherapie erklärt. Das bedeutet, dass hier ähnliche Themen wie in der Psychotherapie behandelt werden, dies allerdings nicht nur verbal, sondern mit Bewegungen, Handlungen oder Gegenständen, die in der Therapie zu Symbolen werden. Aber auch andere Formen der Körpertherapie gibt es, wie z. B. Feldenkrais oder Nordic Walking. Der Anteil der Körpertherapien an den Behandlungen ist damit sehr hoch.
- *Kunst- und musiktherapeutische Behandlung:* Kunst- und Musiktherapien dienen dem Ausdruck und der Bearbeitung von Themen über die Sprache hinaus. Oft ist es leichter, beispielsweise ein Gefühl über Farben und Formen auszudrücken als es in Worten zu beschreiben. In der kunsttherapeutischen Gruppe werden häufig gemeinsame Themen bearbeitet und die dadurch entstandenen Werke gemeinsam besprochen. Dadurch entstehen neue Perspektiven. Es ist keinesfalls nötig, gut im Malen und Zeichnen zu sein. Freude am bildnerischen Ausdruck kann zwar helfen, entsteht aber bei vielen erst beim Tun. Dies gilt auch für die Musik. Das ist in der Regel auch keine Chor- und Orchesterprobe, sondern ein Rahmen, in dem man experimentieren kann, für sich oder in der Gruppe. Gestalterische Therapien wirken bei vielen Patient:innen auch belebend oder entspannend. Besonders wichtig bei Fatigue: Eine wirkungsvolle Möglichkeit, den Körper zu benutzen, ohne sich zu verausgaben.

Für viele Patient:innen mit Fatigue ist die Psychosomatische Medizin nicht die erste Anlaufstelle für Diagnostik und Behandlung. Oft sind bereits viele Untersuchungen und auch Behandlungen versucht worden. Manchmal gibt es auch eine zugrunde liegende körperliche Diagnose, die das Auftreten von Fatigue zwar erklären kann, die aber keine spezifische Behandlung ermöglicht. Der Weg in die Psychosomatik ist für viele mit Frustration verbunden, manchmal mit dem Gefühl, als verrückt abgestempelt zu werden. Leider schwingt oft etwas Kränkendes mit. Psychische und psychosomatische Erkrankung ist, ebenso wie die dazugehörige Behandlung, immer noch mit einem großen Stigma verbunden, das bei den Betroffenen, aber manchmal auch bei den Behandelnden, mitschwingt.

Nach einer erfolglosen Ursachensuche klingt »Das ist psychosomatisch« manchmal wie: »Das bilden Sie sich nur ein« oder »Selbst schuld«. Für viele ist es nach intensiver detektivischer Ursachensuche zudem schwierig, davon wieder etwas Abstand zu nehmen. In der Psychosomatik ändert sich die grundsätzliche Frage von »*Woher kommen die Beschwerden?*« zu »*Wie werden die Beschwerden besser?*«.

Das Konzept, das viele von medizinischer Behandlung haben, ist häufig, dass es vor der Behandlung wichtig ist, genau zu verstehen, was die Beschwerden verursacht hat, bevor die Therapie erfolgt, die auf diesen Entstehungsmechanismus hinwirkt. Bei den oben beschriebenen Therapien ist es hingegen so, dass diese auf Mechanismen der Aufrechterhaltung von Beschwerden hinwirken. Das heißt, dass es für die Behandlung nicht unbedingt nötig ist, die Ursache des Beschwerdebeginns zu kennen. Es ist andersherum manchmal möglich, darüber, was eine Verbesserung bewirkt, Rückschlüsse über die dahinterstehenden Mechanismen zu ziehen.

Wie eine psychosomatische Behandlung bei Fatigue konkret aussehen kann, lässt sich am einfachsten mit einem Beispiel illustrieren:

Sabine Rothe ist 36 Jahre alt. Bei ihr wurde vor zwei Jahren die Diagnose Multiple Sklerose (MS) gestellt. Sie leidet unter einem schubförmigen Verlauf. Zwischen den Schüben haben sich die neurologischen Ausfälle stets zurückgebildet, jedoch leidet sie seit einem knappen Jahr zusätzlich unter Fatigue. Da bisherige Therapien nicht gut geholfen haben und ihr bei deutlich bedrückter Stimmung zusätzlich eine Depression diagnostiziert wurde, begibt sie sich in eine stationäre psychosomatische Behandlung.

Als Behandlungsdiagnosen werden die Diagnosen Psychologische Faktoren und Verhaltensfaktoren bei MS (F54) und eine depressive Episode mittelgradiger Ausprägung (F32.1) vergeben. Am ersten Tag hat sie Kontakt zu einer Ärztin, die auch ihre Psychotherapeutin für den Aufenthalt ist, und einem Krankenpfleger. Sie kommt als neues Mitglied in eine der bestehenden Gruppen, mit der sie gemeinsam das Therapiegruppenprogramm durchläuft. In der psychotherapeutischen Einzeltherapie wird zunächst ein ausführlicher Befund erhoben. Zusätzlich erhält sie Physiotherapie im Einzel. Dies dient der Diagnostik und der Behandlung. Die Physiotherapeutin stellt keine aktuell bestehenden neurologischen Probleme fest, Kraft und Beweglichkeit ist in allen Muskelgruppen vorhanden. Aufgrund der Erschöpfung wird ein angepasstes Bewegungsprogramm mit der Patientin besprochen. Sie soll an allen körper- und physiotherapeutischen Angeboten teilnehmen, dabei aber besonders auf ihre Leistungsgrenzen achten und rechtzeitig Pausen machen oder anpassen. Auch die Therapeut:innen werden instruiert, ein besonderes Auge auf die Patientin zu haben und sie darauf aufmerksam zu machen, wenn der Verdacht besteht, dass sie über die eigene Leistungsgrenze hinausgeht. Als therapeutische Ziele werden besprochen, Einflussfaktoren der Fatigue zu erarbeiten, langsam wieder mehr Aktivität aufzubauen und Ressourcen zu reaktivieren, das heißt, Dinge, die ihr früher gutgetan haben, wieder in ihren Alltag zu integrieren. Die Aufenthaltsdauer wird auf acht Wochen festgelegt.

In den ersten Wochen fällt es der Patientin schwer, einerseits aktiver zu sein, aber auch andererseits ihre Grenze rechtzeitig zu erkennen. Sie bemerkt oft nicht, wann es zu viel ist, und bekommt dann die »Retourkutsche«, ist danach sehr erschöpft. Es fällt ihr schwer, sich nach diesen Rückschlägen wieder zu motivieren. Auch ihre Stimmung ist schwankend. Die Expert:innen auf der Station bemühen sich nach Kräften, sie zu ermutigen und ihr Feedback zu geben. Mit der Zeit lernt die Patientin, mehr und besser in sich hineinzuspüren und die kleinen Abstufungen von Kraft und Erschöpfung leichter zu bemerken. Sie fühlt sich zunehmend sicherer und achtet gleichzeitig darauf, ihre Energie für die Dinge einzusetzen, die ihr wichtig sind und die ihr guttun. In der Gruppe tut sie sich zu Beginn schwer. Alle haben unterschiedliche Beschwerden. Dennoch stellt sie fest, dass es auch viele gemeinsame Erfahrungen gibt. Viele haben die Erfahrung mit frustrierenden Kontakten im Gesundheitssystem gemacht. Sie teilt schließlich ihre Trauer um ihre Gesundheit. Das Gefühl, einen Teil von sich mit der Diagnosestellung verloren zu haben. Hier zeigt die Gruppe viel Verständnis. Anderen geht es ähnlich. In der Kunsttherapie entdeckt sie ihre Kreativität wieder und beginnt auch wieder in ihrer Freizeit zu malen und zu gestalten. Nach acht Wochen verlässt die Patientin gestärkt die Station. Ihr wird empfohlen, weiter ambulante Psycho- und Physiotherapie in Anspruch zu nehmen.

Wie in diesem Beispiel geschrieben, gibt es einige Faktoren, die in einer stationären psychosomatischen Behandlung wirksam werden:

- *Ich bin nicht allein:* Wie geschildert ist der Effekt der Gruppe und des Milieus bedeutsam. Eine ausgeprägte Erschöpfung führt in vielen Fällen dazu, dass es schwer oder nicht mehr möglich ist, Termine wahrzunehmen, Freundschaften zu pflegen und überhaupt, Kontakte zu halten. Aber auch in der Beziehung kann man sich mit Fatigue unverstanden, unzulänglich und damit auch einsam fühlen. In einer psychosomatischen Behandlung treffen Menschen aufeinander, denen es in Bezug auf diesen Aspekt ähnlich geht. Darüber hinaus bekommt man viel Resonanz auf sein Leben mit den Beschwerden und erlebt hautnah: Ich bin nicht allein. Es gibt viele, denen es so ähnlich geht. Aber auch diejenigen, die ganz unbehelligt von Fatigue sind, also zum Beispiel den Therapeut:innen, gelingt es, sich ein Bild von meinem Erleben zu machen. Dies kann Anlass bieten, auch mit Angehörigen wieder mehr über sich zu sprechen, sich zu trauen, sich »zuzumuten«.
- *Jemand hat einen Blick auf mich:* Nicht nur die Mitpatient:innen, sondern auch die Therapeut:innen und der Kontakt mit ihnen ist wichtig. Besonders bei Erschöpfung. Es ist oft schwierig, die eigene Leistungsgrenze allein zuverlässig einzuschätzen, gerade dann, wenn man beispielsweise ein Ziel verfolgt und nur das im Blick hat. Dann tut es gut,

andere Personen zu haben, die aufpassen. Die erkennen oder zumindest den Verdacht haben, dass man sich gerade übernimmt oder auch ermuntern, wenn sie den Eindruck haben, dass es sich lohnen kann, etwas auszuprobieren. Das bietet für viele die Sicherheit, die es braucht, um wieder mehr Freiheit zu entwickeln.

- *Unmittelbare Hilfe:* Fokus und Vorteil einer symptomorientierten Behandlung, bei der Sie den ganzen (stationär) oder überwiegenden Tag (teilstationär/tagesklinisch) im therapeutischen Setting verbringen, ist, dass sie sich mit Veränderungen der Beschwerden sofort melden können. Ziel der Behandlung ist es, frühe Warnzeichen und kleine Veränderungen gut zu erkennen, weswegen Ihnen meist bei Beginn erklärt wird, wo Sie sich wann melden. In vielen Fällen ist dies der Pflegestützpunkt. Dieser ist, abgesehen von Gruppen oder Übergaben, durchgehend besetzt, insbesondere auch nachts. Dadurch haben Sie die Möglichkeit, mit den erfahrenen Pflegenden direkt Strategien zu besprechen und auszuprobieren.
- *Viele andere Perspektiven:* Mitpatient:innen und die Expert:innen auf der Station sehen Sie von außen und damit Dinge, die Ihnen sonst verschlossen bleiben. Der sichere und wertschätzende Rahmen bietet die Möglichkeit, ehrliches, aber empathisches Feedback zu geben. Dies bezieht sich auf Verhalten gegenüber anderen ebenso wie auf die Beschwerden. Auch wenn Sie die Erschöpfung von innen erleben, kann es nützlich sein, Feedback zu bekommen, wenn es einer anderen Person auffällt, dass sie heute besonders aktiv sind oder sich besonders zurückziehen. Sie können diese Rückmeldung nutzen, sie mit ihrem eigenen Erleben in Kontext zu setzen. Alternative Perspektiven können auch dabei helfen, getroffene Bewertungen zu verändern oder auch hier wieder mehr Spielraum zu bekommen.
- *Realistische Ziele und Hilfestellungen:* Wie im Beispiel beschrieben, gehört zu einer psychosomatischen Behandlung die Vereinbarung von Zielen. Diese sollen realistisch sein, aber auch bedeutsam. Bei der Zielfindung hilft die Erfahrung der Expert:innen. Es ist oft bereits ein großer Schritt in die richtige Richtung, ein gutes Ziel festzulegen, das auch erreichbar erscheint. Zur Erreichbarkeit gehören natürlich auch Hilfestellungen, das heißt, dass sich die Therapeut:innen bereits überlegt haben, welche Interventionen und therapeutischen Angebote be-

sonders gut auf die Zielerreichung hinwirken können. Im Fall von Fatigue geht es häufig um Aktivitätsaufbau oder auch darum, Grenzen wahrzunehmen. Auf einer Station gibt es neben den Therapeut:innen, die als Gegenüber Hilfestellung leisten, eine Reihe an anderen Hilfsmitteln, wie z. B. Ergometer, die einen stufenweisen Aktivitätsaufbau erleichtern.

- *Ein ganzes Team an Wissen:* Die Psychosomatische Medizin ist interdisziplinär, viele unterschiedliche Menschen mit unterschiedlicher Expertise kommen zusammen, um sich einem Fall zu widmen. In stetigen Teambesprechungen tauschen sich alle Beteiligten immer wieder aus. Das führt dazu, dass bestenfalls keine Information verloren geht, sondern die Behandlung stets von allen mitgeplant und -gestaltet wird. So können Sie vom gesammelten Wissen aller profitieren und müssen nicht in jeder Therapie von vorne anfangen.
- *Eine neue Perspektive:* Bei chronischer Fatigue und nach vielen, oft wenig erfolgreichen Behandlungsversuchen, können kleine Verbesserungen wieder Hoffnung geben. Hoffnung und eine Perspektive, woran es sich lohnt, weiterzuarbeiten. Was hilft und welche Anpassungen wichtig sind. Durch die Herausnahme aus dem Alltag ist ein Blick »von außen« auf die eigentliche Lebenssituation möglich. So sieht die eigene Situation ganz anders aus und kann klarer werden. Durch den neuen Blickwinkel werden die eigenen Handlungsspielräume wieder deutlich.

Für die Aufnahme auf einer psychosomatischen Station in einem Krankenhaus benötigt es eine Diagnose im Fachbereich, im derzeit noch gültigen Klassifikationssystem ICD-10 sind dies die sogenannten »F-Diagnosen«, also diejenigen, die mit dem Buchstaben F beginnen. Wenn die Fatigue im Rahmen einer körperlich festgestellten Diagnose auftritt, dann ist also eine zusätzliche Diagnose nötig. Wenn Fatigue von psychischer oder sozialer Belastung wie gedrückter Stimmung oder Einsamkeit begleitet wird, ist häufig die Vergabe der Diagnose »Psychologische Faktoren oder Verhaltensfaktoren bei anderenorts klassifizierten Krankheiten« (F54) möglich. Wenn zur gedrückten Stimmung weitere Beschwerden hinzukommen, dann ist oft die Vergabe einer depressiven Störung (Diagnosen, die mit F32 oder F33 beginnen) möglich. Oft bestehen neben der

Erschöpfung weitere Körperbeschwerden. Wenn diese funktionell eingeordnet werden (▶ Kap. 1.5), dann wird die Diagnose einer somatoformen Störung gestellt. Auch Fatigue selbst kann funktionell sein, auch wenn die klare Abgrenzung sehr schwierig ist. Dann wird die Diagnose einer Neurasthenie (F48.0) gestellt.

In den nächsten Jahren wird das ICD-10 durch das ICD-11 abgelöst. Dadurch werden sich die Diagnosen, ihre Grenzen und genauen Definitionen, verändern. Für die Fatigue im psychosomatischen Kontext kann dies von Vorteil sein. Derzeit ist es wegen vielen konkurrierenden Theorien oft schwierig, Fatigue einem Fachgebiet zuzuweisen. Durch das Abrechnungssystem der Krankenkassen darf auch nur das Fachgebiet eine Störung behandeln, in dessen Bereich sich die Diagnose auch befindet. Das heißt, dass eine internistische oder neurologische Diagnose auch durch das jeweilige Fachgebiet zu behandeln ist und für eine psychosomatische Behandlung braucht es eben auch eine psychosomatische Diagnose. In Zukunft wird es die Diagnose der »Körperlichen Belastungsstörung« (6C20) geben. Diese kann vergeben werden, wenn eine Person unter körperlichen Beschwerden, also beispielsweise Fatigue, leidet, welche von psychischen und sozialen Einschränkungen begleitet werden. Es ist dabei nicht entscheidend, woher die Beschwerden stammen, sondern es geht vor allem um die Ausprägung der damit einhergehenden Belastung. Es kann sein, dass dadurch der Streit um die Entstehungsmechanismen in den Hintergrund tritt, zugunsten der wichtigen Frage, wie die Belastung verbessert werden kann.

Neben der stationären psychosomatischen Behandlung in einem Krankenhaus gibt es in Deutschland die Möglichkeit einer Rehabilitationsbehandlung mit psychosomatischem Schwerpunkt. Viele, auch manche Ärzt:innen, verwenden die Begriffe »Psychosomatische Behandlung« und »Kur« oder »Reha« synonym. Die Behandlung weist auch viele Ähnlichkeiten auf. Im Krankenhaus werden jedoch häufiger, wie bei anderen Fachrichtungen auch, akutere oder schwerere Erkrankungen behandelt. Der Weg, die Antragsstellung und die Wartezeiten sind jedoch oft sehr unterschiedlich. So können die Wartezeiten in Kliniken und Krankenhäusern oft deutlich kürzer sein. Noch dazu müssen Sie dafür keinen Antrag stellen, hier reicht die Einweisung durch Ärzt:innen als Begründung. Die Wartezeit hängt hier von der Klinik ab und kann sehr unterschiedlich ausfallen. Es lohnt sich oft, mehrere Kliniken zu kontaktieren. Manchmal werden auch telefonische Beratungen oder Besichtigungen angeboten. Lassen Sie sich besser nicht von Bewertungen auf Google oder ähnlichen Seiten abschrecken. Die wenigsten Patient:innen bewerten ihre Klinik. Dies ist auch nur begrenzt zu empfehlen, da man meist den eigenen Namen dafür angeben muss und sich damit sehr exponiert. So werden Bewertungen eher von sehr unzufriedenen Personen geschrieben, die nur sehr kurz oder auch gar nicht erst behandelt wurden. Dies kann nicht als Durchschnittswert gelesen werden. Orientieren Sie sich lieber an persönlichen Empfehlungen von Menschen, die Sie kennen, oder machen Sie sich selbst ein Bild.

Alle Elemente einer tagesklinischen oder stationären psychosomatischen Behandlung, die oben besprochen wurden, finden sich theoretisch auch ambulant. Es ist allerdings deutlich schwieriger, dass sich die einzelnen Therapeut:innen absprechen und koordinieren. Auch wird nicht alles von der Krankenkasse übernommen und die Antrags- und Bewilligungsmechanismen unterscheiden sich. Im Anschluss an eine stationäre Behandlung werden deswegen vor allem ambulante Psychotherapie und manchmal auch Physiotherapie empfohlen, da diese Kassenleistungen sind. ► Tab. 3.1 bietet einen Überblick über die besprochenen Möglichkeiten.

Tab. 3.1: Vergleich Psychosomatischer Krankenhaus- und Rehabehandlung und ambulanter Psychotherapie

Behandlungsform	Anlass	Wie wird die Aufnahme gebahnt?	Kostenträger
(Teil-)Stationäre psychosomatische Behandlung	(Schwere/akute) Psychosomatische Erkrankung, die einer stationären Behandlung bedarf	Ärztliche Überweisung oder Einweisung	Krankenkasse
Rehabilitationsbehandlung mit psychosomati-	Einschränkung oder Gefährdung der Arbeitsfähigkeit oder Teilhabe	Antragsstellung durch Ärzt:in beim Sozialleistungsträger	Rentenkasse/ Krankenkasse

Tab. 3.1: Vergleich Psychosomatischer Krankenhaus- und Rehabehandlung und ambulanter Psychotherapie – Fortsetzung

Behandlungsform	Anlass	Wie wird die Aufnahme gebahnt?	Kostenträger
schem Schwerpunkt			
Ambulante Psychotherapie	Psychosomatische Erkrankung, die nicht unbedingt einer stationären Behandlung bedarf	Vorstellung direkt bei Therapeut:in	Krankenkasse

3.2.2 Psychotherapie

Psychotherapie ist ein integraler Bestandteil sowohl der stationären psychosomatischen Behandlung als auch der ambulanten Behandlung bei chronischen Beschwerden wie Fatigue. Chronische Fatigue ist mit psychosozialen Einschränkungen verbunden, die mit den Beschwerden einhergehen, sich durch sie verändern oder vielleicht auch vorher schon bestanden haben. Mit chronischer Fatigue geht besonders häufig Arbeitsunfähigkeit und Rückzug aus anderen sozialen Gruppen und Aktivitäten einher. Betroffene sind nicht selten einsam und entwickeln im Verlauf der Beschwerden zusätzliche psychische Symptome wie depressive Verstimmung oder Ängste.

Aber auch Fatigue selbst ist der Psychotherapie zugänglich. In Studien gibt es Hinweise darauf, dass sich die Beschwerde durch Psychotherapie bessert, hier wurde insbesondere Verhaltenstherapie beforscht. Wirkfaktoren können die Veränderung der Bewertung, eine langsame therapeutische Steigerung von Aktivität und eine grundsätzliche Verbesserung der Lebensqualität sein (Chalah & Ayache, 2018; Price et al., 2008). Wir beginnen gerade erst zu verstehen, wie Psychotherapie im Gehirn wirkt und was sie dort bewirkt. Ähnliches kann man über Fatigue sagen. Zu diesem

Zeitpunkt kann man nur feststellen: Psychotherapie wirkt auf Begleitfaktoren von Fatigue und wahrscheinlich auch direkt auf die Beschwerde. Wie und über welche Faktoren dieser Effekt zustande kommt, ist noch unklar.

Als Psychosomatikerin lege ich in der Psychotherapie großen Wert auf unmittelbares Erleben. In der Körpertherapie gehört es automatisch mit dazu, in das eigene Empfinden hineinzuspüren, sich zu fragen, wie und wo sich etwas bemerkbar macht. Aber auch in der Psychotherapie wird viel erlebt. Psychisch und somatisch, also psychosomatisch.

Das sieht bei Fatigue zum Beispiel so aus: Ich frage Klient:innen am Beginn der Stunde nach ihrem Befinden. Wenn die Beschwerde bereits bekannt ist, haben wir in der Therapie vielleicht bereits eine Skala eingeführt, also z. B. Fatigue 0–10 oder umgekehrt Energie 0–10. Wenn sich gerade eine Änderung eingestellt hat, besprechen wir die Umstände. Dabei gebe ich auch Feedback, was mir auffällt, an Haltung, Körper und Stimme. Wenn sich im Gespräch etwas verändert, frage ich nochmal nach. Körperbeschwerden verändern sich innerhalb der 50 Therapieminuten häufig in die eine oder die andere Richtung. Dann können wir gleich darüber sprechen, wo die Veränderung herkommt und es fällt überhaupt erst auf. Bei chronischen Beschwerden ist es sonst oft schwer, kleine Unterschiede, besonders wenn sie eine leichte Verbesserung darstellen, wahrzunehmen und zu markieren. Es ist immer leichter zu bemerken, wenn ein Tag schwieriger ist, als wenn es ein bisschen oder gar deutlich leichter fiel. Die Aufmerksamkeit mehr auf diese Momente zu legen, kann auch eine Aufgabe der Psychotherapie bei Fatigue sein.

Die ambulante psychotherapeutische Behandlung teilt sich in vier Richtlinienverfahren, die von den gesetzlichen Krankenkassen erstattet werden, weil ihre Wirksamkeit hinreichend bewiesen wurde. Diese sind:

- *Psychoanalytische Psychotherapie:* die älteste der Therapieschulen. Die Psychoanalyse geht von einem Unbewussten aus, dass uns maßgeblich steuert. Hier können auch innere Konflikte verortet sein, die uns beeinflussen oder sogar belasten, aber eben nicht bewusst und damit für uns nicht zugänglich sind. Die psychoanalytische Therapie zielt also, wie der Name vermuten lässt, darauf ab, Teile des Unbewussten bewusst und damit bearbeitbar zu machen. Die therapeutische Beziehung wird als besonders bedeutsam und als Repräsentation früherer Beziehungen verstanden, ähnlich einer Bühne. Eine psychoanalytische Therapie arbeitet auf ein grundlegendes Verständnis seiner Selbst hin und kann damit viel Zeit in Anspruch nehmen. Die Krankenkassen übernehmen mit Folgeanträgen bis zu 300 Stunden, manchmal mehrere Stunden pro Woche. Sie kann also eine größere zeitliche Investition sein und bietet sich besonders für Menschen an, die auch eine gewisse Neugier auf sich haben. Durch die lange Dauer entsteht oft eine besondere Beziehung zwischen Patient:in und Therapeut:in, was an sich bereits heilsam sein kann. Die klassische therapeutische Couch, auf der Patient:innen liegen, während Therapeut:innen in der Regel hinter ihnen sitzen, kommt nur in diesem Verfahren zum Einsatz.

- *Tiefenpsychologisch fundierte Psychotherapie:* eine Weiterentwicklung der psychotherapeutischen Therapie. Die Grundannahme bleibt erhalten, gleichzeitig geht es in der tiefenpsychologisch fundierten Behandlung häufig um aktuelle Themen und Konflikte (innere und äußere). Das führt dazu, dass die Behandlungsdauer abnimmt. Es sind auch Kurzzeittherapien mit 12 oder 24 Stunden möglich, aber auch längere Therapiedauern können beantragt werden und laufen dann bis zu 100 Stunden. Auch hier ist die Beziehung zentraler Bestandteil, die bei ausreichender Dauer über mehrere Jahre bestehen und sich entwickeln kann. Die tiefenpsychologisch fundierte Psychotherapie ist aufgrund ihres Namens besonders attraktiv für Menschen, die sich ein tiefes Verständnis und eine ebenso tiefgreifende Veränderung, sozusagen am Kern des Problems wünschen. Anlässe für die Psychotherapie sind häufig aktuelle Krisen, die eine schnelle Verbesserung und direktes Adressieren fordern. Man könnte sagen, dass man sich in dieser Therapie etwas mehr im »Hier und jetzt« aufhält. Bei Fatigue kann es dabei um Schwierigkeiten im Zwischenmenschlichen gehen, aber auch der Umgang mit sich selbst ist zentraler Bestandteil.
- *Verhaltenstherapie:* hier läuft es umgekehrt. Die Verhaltenstherapie stellt Störungen im sichtbaren und erlebbaren Verhalten fest und sucht auch hier nach Lösungen. Die Marschrichtung ist also eine andere. Statt von innen nach außen, von außen nach innen. Die moderne Verhaltenstherapie hat sich dabei um immer mehr beziehungsorientierte und emotionsfokussierte Strategien erweitert. Das »außen« ist damit nicht

oberflächlich, sondern ein Abbild innerer Prozesse. Über die Arbeit im Sichtbaren sind Strategien und Interventionen für Patient:innen häufig gut nachzuvollziehen. Transparenz und Psychoedukation haben einen hohen Stellenwert. Auch die Veränderungen sind leichter beobachtbar und messbar. Verhaltenstherapien richten sich auch in ihrer Dauer an der Intensität der beobachtbaren Verhaltensstörung. So können kürzere Behandlungen, aber auch eine größere Menge an Stunden, bis zu 80, beantragt werden. In der Verhaltenstherapie kommen häufig Arbeitsblätter und Manuale zum Einsatz. Es existieren sowohl für Körperbeschwerden als auch für Fatigue, spezifische Behandlungsanleitungen, an denen sich Therapeut:innen orientieren können.
- *Systemische Therapie* ist erst seit kurzem ein von der Kasse übernommenes Therapieverfahren, das sich also in Studien als signifikant hilfreich erwiesen hat. Diese Therapieschule denkt in Systemen. Diese können klein oder ganz groß sein. Unser Körper und wir als Person sind ein System, ebenso wie die Gesellschaft. Fatigue wird in der systemischen Therapie in den individuellen aber auch besonders in den sozialen Wechselwirkungen verstanden. Das kann vor allem dann nützlich sein, wenn viele der angrenzenden Themen im sozialen Nahfeld liegen. Andere Personen werden symbolisch oder tatsächlich, über gemeinsame Gespräche, miteinbezogen. Von der Krankenkasse werden bis zu 48 Stunden bezahlt.

Von der gesetzlichen Krankenkasse werden Psychotherapien übernommen, wenn eine Diagnose vorliegt, die eine solche Behandlung begründet (siehe oben), und die Behandlung von Therapeut:innen durchgeführt wird, die im sogenannten Arztregister verzeichnet sind, also eine Genehmigung haben, mit den gesetzlichen Krankenkassen abzurechnen. Sowohl Ärzt:innen als auch Psycholog:innen können Qualifikationen erreichen, die einen Eintrag ermöglichen. Zum genauen Vorgehen finden Sie in untenstehendem Merkkasten einen kleinen Wegweiser.

Sich in Psychotherapie zu begeben, ist für viele Menschen mit Unsicherheit und Fragen verbunden. Sprechen Sie dies ruhig bei Ihrem ersten Termin an oder sprechen Sie mit Personen, die Ihnen Therapie empfehlen oder bereits Erfahrung haben. Nicht jeder/jede Patient:in passt zu jedem/jeder Therapeuten:in. Neben der Auswahl des Verfahrens spielen persönliche Faktoren eine wichtige Rolle. Das sogenannte Arbeitsbündnis kann nur dann entstehen, wenn sich beide an der Behandlung Beteiligten auf die Beziehung einlassen. Manchmal passt die Chemie einfach nicht, wie sonst auch im Leben. Oft lohnt es sich aber, einen weiteren Termin bei einer Person wahrzunehmen, auch wenn diese Ihnen nicht hundertprozentig sympathisch war. Es ist besonders gut, dies anzusprechen. Oft sind Patient:innen überrascht, dass Therapeut:innen nicht gekränkt sind, sondern es eher begrüßen, wenn Patient:innen etwas klären wollen. Seien Sie ruhig mutig und achten Sie darauf, dass Sie sich ausreichend wohl fühlen. Auf den ersten, den zweiten oder den dritten Blick.

Psychotherapie wird in den oben beschriebenen Verfahren auf zwei Arten angeboten:

- *Einzeltherapie*: meist denken Menschen bei Psychotherapie gleich an diese Form, bei der Sie alleine mit Therapeut:innen sprechen. Dies klingt nach dem gewohnten, intimen Rahmen, den man bei dieser Therapie erwartet. Eine Stunde dauert meist 50 Minuten, hier gibt es gelegentlich Abweichungen, wenn z. B. einmalig eine längere Stunde Sinn macht.
- *Gruppentherapie:* findet auch immer mehr Einzug in die ambulante psychotherapeutische Behandlung. Manche Menschen scheuen die Gruppen. Diese bieten aber viele Vorteile. Beziehungsaspekte können nicht nur besprochen, sondern direkt erprobt werden. Außerdem kann man viele der Erfahrungen machen, die bei der stationären Behandlung möglich sind.

Hilfe

Wie finde ich einen Platz für die ambulante Psychotherapie? Der Bedarf an Plätzen ist in Deutschland über die letzten Jahre hinweg gestiegen, bei gleichzeitig gleichbleibender Anzahl an Kassensitzen, d. h. an Therapeut:innen, die mit den gesetzlichen Krankenkassen abrechnen. Besonders in ländlichen und dünn besiedelten Regionen kann es sein, dass man sehr lange auf einen Platz wartet und für diesen lange Anfahrtszeiten in Kauf nehmen muss. Dies sind Grundbedingungen, die politisch angegangen werden und sich nur langsam verbessern. Dennoch gibt es Möglichkeiten, sich die Suche zu erleichtern oder zu verkürzen:

- *Suche über die Kassenärztliche Vereinigung (KV):* Über die Nummer des Patientenservice der KV (116117) kann man deutschlandweit direkt Termine für ein psychotherapeutisches Erstgespräch vereinbaren. Es ist manchmal möglich, direkt mit dieser Person eine Psychotherapie zu beginnen, meist oft nach Wartezeit.
- *Direktkontakt nach Verfügbarkeit:* In einigen Bundesländern bietet die KV darüber hinaus einen Service an, bei dem sich Therapeut:innen, die freie Plätze haben, melden und deren Kontakte an Personen mit Bedarf weitergegeben werden.
- *Direktkontakt auf Empfehlung:* Empfehlungen von Privat- oder Fachpersonen sind gut, helfen aber nicht automatisch dabei, einen Platz zu bekommen. Wenn die Empfehlung von einer Fachperson kommt, dann bitten Sie diese, den Kontakt zu bahnen, d. h. einmal für sie dort nach Kapazitäten zu fragen und ihren Fall vorzustellen.
- *Ausbildungsinstitute:* Menschen, die in Ballungsräumen leben, haben den Vorteil, dass es in ihrer Umgebung meist Ausbildungsinstitute für Psychotherapeut:innen gibt. Da für die Ausbildung immer die Behandlung mehrerer Fälle nötig ist, gibt es hier immer Bedarf für neue Patient:innen. Suchen Sie dazu im Internet nach »Ausbildungsinstitut Psychotherapie (+ Name Ihrer Stadt)«. Achten Sie darauf, dass es sich um Institute handelt, die Psycholog:innen und Ärzt:innen ausbilden, die also mit den Krankenkassen kooperieren. Und: keine Angst vor jungen Therapeut:innen! Diese sind, im Gegenteil, häufig besonders motiviert, auf dem neuesten wissenschaftlichen Stand und eng supervidiert.
- *Antrag auf Kostenerstattung:* Wenngleich die Kassensitze begrenzt sind, gibt es insgesamt viele Psychotherapeut:innen, die nur privat abrechnen dürfen. Deshalb kann es für Privatpatient:innen manchmal schneller und einfacher sein, einen Platz zu finden. Aber auch, wenn Sie gesetzlich versichert sind, können Sie unter bestimmten Voraussetzungen diese Möglichkeit nutzen. Sie können entweder als

Selbstzahler:in Therapie in Anspruch nehmen oder einen Antrag auf Kostenerstattung bei Ihrer Krankenkasse stellen. Welche Dokumente Sie dafür benötigen, finden Sie im Internet oder können Sie bei Ihrer Kasse erfahren. Es ist dafür nötig, nachzuweisen, dass Sie nach einem Platz gesucht haben und dass bei Ihnen der Bedarf einer Psychotherapie besteht.

In Deutschland gibt es auch die Möglichkeit, bei Heilpraktiker:innen Psychotherapie zu erhalten. Diese wird jedoch in der Regel nicht von der Krankenkasse übernommen, es können also höhere Kosten entstehen.

3.2.3 Umgang mit Krisen

Chronische Körperbeschwerden verursachen einen erheblichen Leidensdruck und führen zu einer Beeinträchtigung in der Lebensqualität. Auch bei einer erfolgreich fortscheitenden Behandlung gehören Rückschläge und schwankende Beschwerdeverläufe mit dazu. Oben beschriebene Therapien können dabei helfen, sich gegen solche Krisen mental zu wappnen, aber verhindern nicht jeden schlechten Tag. Insbesondere bei Psychotherapie kann es auch vorkommen, dass die intensive Beschäftigung mit belastenden Inhalten zu einer, meist vorübergehenden, Verschlechterung der Stimmung führt.

Während einer stationären oder teilstationären psychosomatischen Behandlung sind kurze Einbrüche und Krisen häufig und ihnen kann durch die unmittelbare Erreichbarkeit des Teams direkt begegnet werden. Pfleger:innen und Therapeut:innen nutzen Gespräche, um zu verstehen, welche Auslöser es für die derzeitige Situation gibt und arbeiten an Lösungen. Oft kommen Beruhigungsstrategien, die manchmal »Skills« (Englisch: Fähigkeiten) genannt werden, zum Einsatz. Mögliche Entspannungstechniken zum Ausprobieren und Einüben finden Sie in ▶ Kap. 3.4.

Zuhause und im Alltag können auch Gespräche mit nahen Angehörigen helfen. Es ist günstig, sich in einer ruhigen Minute zu überlegen: »Wer ist mein Notfallkontakt?« Wie in ▶ Kap. 2.4 beschrieben, helfen nicht alle Kontakte gleich gut und das Wissen darum, was wir brauchen, wenn wir jemanden brauchen, kann bei der Auswahl der Person helfen. Das hilft in vielen Fällen bereits, eine neue Perspektive zu erhalten und kann Sicherheit bieten. Es gibt aber Dinge, die viele Menschen nicht gerne mit Personen in ihrem nahen Umfeld besprechen, weil sie sich beispielsweise schämen oder die andere Person nicht belasten wollen. Ein Beispiel sind lebensmüde Gedanken, die in Momenten großer Verzweiflung und Aussichtslosigkeit auftreten können. Es ist sehr wichtig, sich mit diesen Gedanken schnell an jemanden zu wenden. Wenn nicht an Angehörige, dann an Menschen, die dafür ausgebildet sind, mit diesen Themen umzugehen.

Hilfe

Krisennummern für den Notfall: Es gibt in Deutschland eine Auswahl an telefonisch erreichbaren Krisendiensten, die weiterhelfen und vermitteln. Es ist möglich, anonym anzurufen und sich beraten zu lassen. Die Angebote wollen niederschwellig sein, nach dem Motto: »Lieber einmal zu viel anrufen als einmal zu wenig.«

Überregionale Telefonnummern (Deutschland):

- Telefonseelsorge als niederschwelliges Gesprächsangebot: 0800 11 10 111 ist rund um die Uhr erreichbar.
- Notruf (z. B. bei suizidalen Krisen von Angehörigen): 112

Darüber hinaus gibt es zahlreiche regionale Angebote. Hier kann man im Internet nach Schlagworten wie »Krisendienst Telefonnummer« oder »Psychiatrischer Krisendienst« suchen.

In Bayern ist dies z. B.: Krisendienst Bayern unter 0800 655 3000 rund um die Uhr erreichbar, mit Möglichkeiten der Beratung und Weitervermittlung.

3.3 Besser schlafen

Wie gut und wie lange wir schlafen, beeinflusst in großem Ausmaß Erschöpfung und Wachheit, kurz- und langfristig. Besonders bei chronischer Müdigkeit ist er dadurch von großer Bedeutung. Auch Gesunde sind bei schlechtem Schlaf tagsüber besonders müde. Im Schlaf finden wichtige Regenerationsprozesse statt, die den vergangenen Tag verarbeiten und uns auf den neuen Tag vorbereiten sollen. In einer Studie mit gesunden Proband:innen konnte gezeigt werden, dass die Schlafqualität vor allem Einfluss auf erlebte Erschöpfung und auf das physische Energieniveau hatte (Pastier et al., 2022).

Auch bei diesem Thema gibt es einen Teil, den wir nicht oder nicht vollständig kontrollieren können. So hat beispielsweise Schichtarbeit einen großen Einfluss auf Schlafqualität. Tagsüber zu schlafen ist zwar möglich und kann auch erholsam sein. Wechsel zwischen Tag- und Nachtschlaf sind aber schwierig und führen zu einem Gefühl, das manche an »Jetlag« erinnert. Außerdem leiden soziale Beziehungen unter Tagschlaf, sofern wir kein soziales Umfeld haben, das im selben Tag-Nacht-Rhythmus lebt wie wir.

Wie lange erholsamer Schlaf dauert, ist höchst individuell und hängt vermutlich von genetischen Faktoren, aber auch beispielsweise vom Alter oder von Umweltfaktoren ab. Tendenziell verkürzt sich die nötige Schlafdauer im Laufe des Lebens immer weiter und das ist ganz normal. Es gibt aber auch akute Situationen, die mit einer verlängerten Schlafzeit einhergehen, wie akute Infektionen, hormonelle Veränderungen oder medizinische Operationen.

Bei chronischer Erschöpfung kann auch eine ausgeprägte Schlafstörung ursächlich sein. Dabei ist nicht nur die Dauer ausschlaggebend, sondern auch die Schlafqualität. Ob Sie gut geschlafen haben, können Sie zum einen subjektiv beantworten. Fühlen Sie sich erholt oder mindestens deutlich erholter nach dem Nachtschlaf? Dies ist ein Indikator dafür, dass Sie gut schlafen. Durch Untersuchungen, zum Beispiel im sogenannten Schlaflabor, kann über Elektroenzephalographie (EEG) und andere Untersuchungen, die über die ganze Nacht kontinuierlich laufen, eine Datengrundlage für die Frage nach Schlafqualität erstellt werden. Im EEG kann man sehen, ob Sie schlafen und wenn ja, wie ihr Schlaf in seiner »Architektur« beschaffen ist.

3.3.1 Schlafphysiologie

Schlaf ist ein lebenswichtiger Zustand. Er ist eine reversible Phase der Bewusstseinsminderung, das heißt, dass wir jederzeit wieder aufwachen können, die sich mit Wachsein abwechselt. Wann und ob wir schlafen, wird zum Teil von unserer »inneren Uhr« gesteuert. Körpertemperatur, Hormone und andere innere Signale ebenso wie äußere Signale wie Licht, wirken darauf ein, wann wir müde werden und ans Zubettgehen denken. Wichtige »Gegenspieler« beim Schlafen sind die Hormone Melatonin, das müde macht und deswegen auch manchmal als Medikament zum Einsatz kommt, und Cortisol, dessen Spiegel in den frühen Morgenstunden steigt und das uns wieder aufwachen lässt. Die Spiegel der beiden Hormone werden durch Dunkelheit bzw. Licht beeinflusst.

Sind wir einmal eingeschlafen, so zeigt unser Schlaf eine typische »Architektur«, die in Zyklen abläuft, die sich nachts mehrfach wiederholen. Diese Zyklen bestehen aus vier Stufen, drei Stufen des Non-REM-Schlafs (REM = rapid eye movement) und REM-Schlaf. In einer guten Nacht durchlaufen wir vier bis fünf Zyklen all dieser Stadien, wobei ein Zyklus etwa 90 Minuten dauert. Die drei Stufen des Non-REM-Schlafes reichen von leichtem Schlaf direkt nach dem Einschlafen über mitteltiefen Schlaf, bei dem sich die Herzfrequenz und die Körpertemperatur senken, bis zum Tiefschlaf. Dem Tiefschlaf wird eine wichtige Bedeutung für die Aufrechterhaltung wichtiger Funktionen wie des Immunsystems zugeschrieben. In einer guten Nacht verbringen wir bis zu einem Viertel unserer Schlafzeit im Tiefschlaf. Wir sind dann auch schwerer zu erwecken. Auf den Tiefschlaf folgt der sogenannte REM-Schlaf, der benannt ist nach der Beobachtung, dass Schlafende in dieser Phase, wenn man ihnen die Lider öffnet, schnelle Augenbewegungen zeigen. Abgesehen von den Augen zeichnet sich diese Schlafphase durch eine Erschlaffung der Skelettmuskulatur aus. Man geht davon aus, dass wir im REM-Schlaf träumen und dann wichtige Prozesse in unserem Gedächtnis stattfinden. Diese

Phasen lassen sich von außen im Schlaflabor über EEG nachweisen und unterscheiden. Jede Phase hat ihr eigenes Muster.

Für einen guten, erholsamen Schlaf ist also eine ausreichende Liege- und Schlafdauer nötig, die diese vier oder fünf Zyklen ermöglicht, also mindestens etwa sechs Stunden bei den meisten Menschen. Andererseits ist auch wichtig, dass genug Tiefschlaf und REM-Schlaf vorhanden sind, also dass die Architektur stimmt. Schlafstörungen können nicht nur die Dauer, sondern auch die Qualität des Schlafes, also die Stufen und deren Dauer, verändern (Baranwal et al., 2023).

3.3.2 Schlafstörungen

Viele Menschen erleben hin und wieder eine Nacht mit zu wenig oder nicht erholsamem Schlaf. Wenn Sie an mindestens drei Nächten pro Woche über mindestens einen Monat nicht erholsam schlafen, das heißt müde oder nicht erholter aufstehen, spricht man von einer Schlafstörung, der sogenannten Insomnie. Dies entspricht einer medizinischen Diagnose. Wenn die Schlafstörung neu auftritt und vor allem dann, wenn Sie sich keinen Zusammenhang beispielsweise zu akutem Stress vorstellen können, sollten Sie sich zunächst ärztlich vorstellen. Es gibt körperliche Erkrankungen, die mit einer Verschlechterung des Nachtschlafes einhergehen, deren Ausschluss wichtig ist. Auch bei Erkrankungen, die mit Fatigue einhergehen, wie zum Beispiel bei Multipler Sklerose oder Krebserkrankungen oder auch bei psychischen Erkrankungen wie Depression oder Angststörungen, ist gestörter Schlaf häufig. Zum Beispiel gibt es beim Schlaf-Apnoe-Syndrom nachts immer wieder Atemaussetzer. Betroffene erleben häufig nicht, dass sie nachts lange wach liegen, fühlen sich aber tagsüber müde oder schlafen sogar unbeabsichtigt ein. Diese Störung ist nicht nur sehr anstrengend, sondern auf Dauer auch gefährlich für das Herzkreislaufsystem und sollte deswegen rasch festgestellt und behandelt werden.

Es gibt auch eine Reihe von Medikamenten, die den Schlaf stören können. Insbesondere, wenn Sie ein neues Medikament nehmen oder gerade erst die Dosis gesteigert wurde, kann dies einen Einfluss nehmen. Aber auch Alkohol oder Nikotin können unseren Schlaf beeinflussen.

Menschen, die im Schichtdienst und vor allem auch nachts arbeiten, haben dadurch ein hohes Risiko, Schlafstörungen zu entwickeln.

Für viele Schlafstörungen findet sich auf diesem Wege jedoch keine Ursache. Man vergibt dann die Diagnose einer »nichtorganischen Insomnie«, d. h. gestörter Schlaf, der nicht klar einer körperlichen, organischen, Ursache zugeschrieben werden kann. Neben der Insomnie gibt es auch die Hypersomnie, bei der besonders viel geschlafen wird, nachts aber auch tagsüber. Daneben gibt es unterschiedliche Veränderungen der Schlafqualität wie Alpträume, Schlafwandeln oder das Restless-legs-Syndrom. Da jedoch unter Schlafstörungen meist zu wenig und nicht erholsamer Schlaf verstanden wird, der viele Menschen mindestens vorübergehend betrifft, liegt hier unser Fokus.

Für die richtige Therapie ist oft wichtig, ob Sie vor allem Probleme mit dem Einschlafen haben (Einschlafstörung) oder ob Sie zwar relativ problemlos einschlafen, aber nachts häufig aufwachen und dann wach liegen (Durchschlafstörung).

Für die Entstehung und Chronifizierung von Schlafstörungen gibt es vorbestehende Risikofaktoren (zum Beispiel Schichtarbeit oder Genetik), Auslöser und Faktoren, die dazu führen, dass der Schlaf sich weiter verschlechtert. Auslösend ist in den meisten Fällen ein besonderes Stressereignis. Das kann Verlust von Partnerschaft, ein Sterbefall, eine drohende Veränderung oder auch besondere Situationen in Ausbildung und Beruf, wie z. B. Prüfungen oder auch Konflikte am Arbeitsplatz sein. Dann schlafen viele Menschen »mal« schlechter. Es gibt wohl niemanden, der dies noch nicht erlebt hat. Wenn sich die äußere Situation verändert oder wir einen Umgang damit finden, schlafen wir jedoch meist sofort besser und können uns von diesen einzelnen schwierigen Nächten rasch erholen. Und das ganz automatisch. Aber manchmal läuft es anders.

Folgende Faktoren tragen wahrscheinlich dazu bei, dass Schlafstörungen chronisch werden:

- *Verhalten:* Irrtümer über Schlaf führen manchmal dazu, dass wir uns nicht richtig verhalten und damit eher zu Schlafstörungen beitragen. Der Mittagsschlaf ist nicht unbedingt geeignet, Schlafverlust auszugleichen, sondern kann auch dazu führen, dass Sie an diesem Tag nicht oder erst viel später müde sind als sonst und damit noch schlechter

einschlafen oder immer wieder wach werden. Bei chronischer Fatigue kann dies besonders bedeutsam sein. Ein anderes Verhalten, das wahrscheinlich zu Schlafstörungen beitragen kann, ist das lange Liegen im Bett: dadurch bekommt das Möbel Bett nämlich eine neue Funktion für Sie. Es ist nicht mehr nur zum Schlaf, sondern auch zum Wachliegen und Nachdenken da.
- *Hyperarousal:* auf Deutsch Übererregung. Durch Untersuchung der Hirnfunktionen im Schlaf konnte gezeigt werden, dass bei Schlafstörungen unser Nervensystem übererregt ist, sich also nicht richtig entspannen kann, sondern geradezu heiß läuft. Vermutlich spielt hier auch Veranlagung eine Rolle. Viele Strategien im Umgang mit Schlafstörungen sind auf Beruhigung und Entspannung hin ausgerichtet.
- *Gedanken:* Symptom und Einflussfaktor gleichzeitig sind sorgenvolle Gedanken und Grübeln, insbesondere nachts. Das Sich-Sorgen ums Einschlafen gleicht meist einem Teufelskreis: Ich kann nicht schlafen – morgen werde ich müde sein – dann kann ich meine Aufgabe nicht gut erfüllen – dann bekommen das andere mit – dann verliere ich meinen Job. Und so weiter. Diese Gedanken stören den Schlaf und werden durch gestörten Schlaf verstärkt. Zum Beispiel in der Verhaltenstherapie (Siehe Psychotherapie, ▸ Kap. 3.2.2) wird konkret darauf hingearbeitet, diese zu verändern.

Eine krankhafte Schlafstörung beeinflusst nicht nur die Nacht, sondern hat auch auf unseren Tag, auf alle Lebensbereiche und auch auf unsere Gesundheit erhebliche Auswirkungen. Bei Fatigue kann eine zusätzliche Schlafstörung das Symptom noch einmal verstärken. Es gibt auch Hinweise darauf, dass sie das Risiko für Erkrankungen wie Übergewicht und Demenz erhöht (Deutsche Gesellschaft für Schlafforschung und Schlafmedizin e.V [DGSM], 2017).

3.3.3 Schlafhygiene

Gesunde Schläfer, die sich beim Ein- und Durchschlafen nicht schwertun, sehen oft keine Notwendigkeit, sich an Regeln der sogenannten Schlafhygiene zu halten. Wenn der Schlaf jedoch über längere Zeit gestört ist, dann sind sie die erste Maßnahme, die umgesetzt werden sollte.

Unter Schlafhygiene versteht man eine Reihe an Regeln, die das Bett und den Schlaf von Alltagseinflüssen »bereinigen« und Routinen schaffen sollen, die kurz- oder mittelfristig zu einer Verbesserung von Schlafdauer und -qualität führen sollen. Da es sich hier nicht um Tabletten oder gar Wundermittel handelt, die man einnimmt und schon schläft man, verlangt eine effektive Schlafhygiene Geduld ab. Routinen entstehen nicht von heute auf morgen, sind aber wirkungsvoll und nebenwirkungsarm, wenn sie einmal etabliert sind. Also gilt bei der Schlafhygiene auch wie bei anderen übenden Verfahren: Geben Sie ihr eine echte Chance! Nicht alle Regeln sind gleich und leicht umzusetzen und Rückschläge oder, dass es anfangs nicht gut funktioniert, sind völlig normal. Es lässt sich erst nach mehreren Wochen wirklich beurteilen, wie die Maßnahmen Ihnen helfen.

Bei den Regeln der Schlafhygiene geht es allgemein um:

- Ihren Schlaf- und Tag-Nacht-Rhythmus.
- Ihre Schlafumgebung.
- Ihr Verhalten in der Schlafumgebung.

Folgende Rituale können hilfreich sein:

- *Fester Rhythmus:* Gehen Sie jeden Tag ungefähr zur gleichen Zeit schlafen und stehen auch zur gleichen Zeit wieder auf. Diese Zeiten sollten sich für Arbeitswoche, Wochenende und Urlaub am besten nicht unterscheiden, da sie sich sonst jedes Mal wieder umgewöhnen müssen. Zwischen Zubettgehen und Aufstehen sollte Zeit für mindestens sieben oder acht Stunden Schlaf möglich sein.
- *Nicht lange wach im Bett liegen:* Wenn es Ihnen nicht gelingt, bis etwa 20 Minuten nach dem Zubettgehen einzuschlafen, stehen Sie wieder auf und gehen Sie einer Aktivität nach wie zum Beispiel lesen oder leichte Haushaltsarbeit. Keine Bildschirmnutzung. Wenn Sie es gewohnt sind, lange wach im Bett zu liegen, dann ist diese Regel besonders wichtig für Sie, aber vielleicht auch besonders widersinnig auf den ersten Blick. Sie können sich vorstellen: Ihr Körper hat gelernt, dass man im Bett einfach nur so rumliegt, vielleicht grübelt und allen

möglichen Aktivitäten nachgeht. Es ist nicht leicht, aber umsetzbar, wieder zu lernen: Das Bett ist zum Schlafen da. Wenn Sie nach einiger Zeit außerhalb des Bettes schläfrig werden, dann gehen sie wieder ins Bett. Diese Regel gilt für jedes längere Wachliegen, ob vor dem Einschlafen oder nach nächtlichem Aufwachen. Keine Sorge: Sie verpassen wahrscheinlich kaum oder keinen Schlaf durch das Aufstehen. In dieser Zeit wären Sie ohnehin wach dagelegen. Angenehme Aktivitäten können Sie auch vom Stress des Nicht-schlafens ablenken.

- *Das Bett ist nur zum Schlafen da:* Neben der Ausnahme von sexuellen Aktivitäten, sollte Ihr Bett nur dem Schlafen vorbehalten sein. Für alle anderen Aktivitäten, sofern Sie diese bislang im Bett getan haben, sollten Sie sich einen anderen Ort suchen. Hier kommt das Wort »Hygiene« besonders zum Tragen. Ein »hygienisches« Bett im Sinne der Schlafhygiene ist eines, in dem (fast) nur geschlafen wird.
- *Richtige Schlafumgebung:* Ihr Bett und Schlafzimmer sollte ein Ort der Ruhe sein. Entfernen Sie Bildschirme oder künstliche Lichtquellen, die nicht auszuschalten sind. Das Schlafzimmer sollte nachts leise sein und in einer angenehmen, aber eher kühlen Raumtemperatur. Ihr Smartphone oder Ihren Computer sollten Sie etwa 30 Minuten vor dem Zubettgehen ausschalten oder zur Seite stellen und am besten nicht mit ins Schlafzimmer nehmen.
- *Einschlafrituale:* Rhythmus und Regelmäßigkeit sind besonders wichtig für den Schlaf. Auch deswegen können Rituale vor dem Zubettgehen beim Einschlafen helfen. Das kann eine Tasse Tee sein, eine Entspannungsübung (► Kap. 3.4) oder eine andere Ruhe stiftende Aktivität, die für sie bedeutet: Gleich geht es ins Bett.
- *Hilfreiche Verhaltensweisen:* Essen Sie keine große Mahlzeit vor dem Zubettgehen. Halten Sie Ihr Abendessen eher klein oder mindestens einen Abstand zwischen Essen und Zubettgehen. Grundsätzlich hilft auch ausgewogene Ernährung und regelmäßige Bewegung beim Schlafen. Ab dem Nachmittag sollten Sie auf koffeinhaltige Getränke verzichten. Auch der Verzicht auf Alkohol am Abend kann helfen. Achten Sie grundsätzlich darauf, nicht mehr viel Flüssigkeit am Abend zu trinken. Sonst wird Ihr Einschlafen und Schlaf vielleicht durch Harndrang gestört (Hershner & Shaikh, 2020).

- *Vorsicht mit Nickerchen:* Meist wird auch empfohlen, auf Schlaf am Tag, also Mittagsschlaf oder Nickerchen, zu verzichten, da dies den Tag-Nacht-Rhythmus stören kann und Nachtschlaf in den Tag verlagert, statt ihn nachzuholen. Es gibt dazu unterschiedliche Studienergebnisse und es macht wohl einen erheblichen Unterschied, ob der Schlaf bereits gestört ist. Gesunde Schläfer haben wohl keinen Nachteil, bei Menschen mit Schlafstörungen gibt es jedoch einen Zusammenhang zwischen Tagschlaf und schlechterer Schlafqualität nachts (Jang et al., 2018). Wenn Sie tagsüber schlafen, dann tun Sie das also auch am besten nach festem Zeitplan und wenn Sie bemerken, dass der Nachtschlaf sich weiter verschlechtert, bemühen Sie sich nach Möglichkeit, ganz darauf zu verzichten.

3.3.4 Behandlung bei schwerer Schlafstörung

Wenn die Schlafstörungen länger anhalten und die Faktoren, die sie auslösen, anhalten oder die Störung trotz Besserung äußerer Stressoren fortbesteht, dann ist eine weiterführende Behandlung nötig. Hier gibt es ein paar Möglichkeiten:

- *Verhaltenstherapie:* Wenn Sie sich ohnehin in Psychotherapie befinden und dies keine Verhaltenstherapie ist, ist es wahrscheinlich nicht nötig zu wechseln, sondern die Schlafstörung wird im Rahmen der für die Behandlung auslösenden Diagnose mitbehandelt. Aber auch eine Schlafstörung an sich kann Anlass sein, eine Psychotherapie zu beginnen. Und dann am ehesten eine Verhaltenstherapie. Hier geht es um das Erlernen von Techniken, die zum Beispiel nächtliches Grübeln verändern sollen oder konkrete Verhaltensänderung. Für Psychotherapeut:innen gibt es dafür mehrere Manuale, also Anleitungen, die beforscht sind und anhand derer sie ihre Behandlung ausrichten können. Schlafstörungen, insbesondere im Zusammenhang mit Fatigue, sind sehr belastend, körperlich und psychisch. Eine Psychotherapie hat nicht nur zum Ziel, dass Sie wieder mehr und besser schlafen, sondern zielt auf aufrechterhaltende Mechanismen und Folgen ab. Menschen, die unter Schlafstörungen leiden, haben häufig das Vertrauen in den eigenen Körper verloren. Das Gefühl, nicht mehr schlafen zu können. Hier kann es viel helfen, langsam wieder Vertrauen aufzubauen.

- *Medikation:* Ein ideales Schlafmittel (»Hypnotikum«) soll das natürliche Muster des Schlafes herstellen, die Lebensqualität verbessern, nicht abhängig machen, keine Nebenwirkungen haben und vieles mehr. Nur her damit! Leider gibt es bislang kein Mittel, das diesem Anspruch so ganz gerecht wird. Es ist deswegen immer Abwägungssache und hängt von vielen Faktoren ab, ob oder wie ein medikamentöses Schlafmittel für Sie in Frage kommt. In vielen Studien konnte gezeigt werden, dass ein Teil der Wirkung von Schlafmitteln auf einen Placeboeffekt zurückzuführen ist.
  In Deutschland werden bei (vermutlich) kurzzeitigen Schlafstörung häufig sogenannte Benzodiazepine (z. B. Lorazepam, Diazepam oder – nahe verwandt – Zopiclon oder Zolpidem) eingesetzt, Beruhigungsmittel, die schläfrig machen, aber auch entspannen. Nimmt man diese Medikamente länger als drei oder vier Wochen regelmäßig ein, verlieren sie leider immer mehr ihre Wirkung und man wird vielleicht abhängig von der Substanz. Bei bereits langanhaltenden Schlafstörungen sind sie eher nicht zu empfehlen.
  Beim Einschlafen helfen auch Antihistaminika, die vielen als Allergiemittel bekannt sind oder Melatonin, ein Einschlafhormon, das man ohne Rezept in der Apotheke erhalten kann. Ebenfalls ohne Rezept erhältlich sind unterschiedliche pflanzliche Wirkstoffe, aus Baldrian, Hopfen, Melisse oder Passionsblume. Viele Menschen profitieren von diesen müde machenden Pflanzenstoffen. Aber Vorsicht! »Pflanzlich« heißt nicht unbedingt »mild«. Diese Mittel sind weder weniger wirksam noch besser verträglich. Bitte immer in den Beipackzettel schauen oder sich beraten lassen.
  Bei länger bestehenden Schlafstörungen werden manchmal Medikamente verordnet, die auch gegen Depressionen oder Schizophrenien wirken und zusätzlich einen müde machenden oder den Schlaf beeinflussenden Effekt haben. Diese Medikamente werden in der Regel von, psychiatrischen, neurologischen oder psychosomatischen Fachärzt:innen verordnet.
- *Andere Therapien:* Zur sogenannten Komplementärmedizin (»ergänzenden« Medizin) zählen unter anderem naturheilkundliche Verfahren

oder auch die traditionelle chinesische Medizin. Hier gibt es viele Ansätze, die bei Schlaf wirksam sein können, aber deren Wirksamkeit (noch) nicht hinreichend bewiesen ist, wie z. B. Akupunktur, Yoga oder Aromatherapie. Da viele dieser Verfahren zusätzliche gesundheitsförderliche Wirkungen und wenig Nebenwirkungen haben, kann man sie auch ausprobieren, um zu sehen, ob sie helfen. Achtsamkeit ist als Verfahren untersucht und effektiv (DGSM, 2017).

In der klinischen Praxis kommt häufig eine Mischung aus unterschiedlichen Verfahren zu Einsatz. Diese richten sich am gesamten klinischen Bild aus. Bei Diagnosen wie Depression oder posttraumatischer Belastungsstörung konnte gezeigt werden, dass sich der Schlaf über den Verlauf einer stationären psychosomatischen Behandlung signifikant bessert (Meule et al., 2023).

Übung

Mein Einschlaftagebuch

Eine Idee für ein allabendliches Ritual kann das Führen eines Tagebuches sein. Dies erfüllt zwei Aufgaben, die Ihnen beim Schlafen helfen sollen. Erstens ist es ein festes Ritual, das Sie mit Schlaf verbinden. Zweitens können Sie an das Tagebuch Gedanken abgeben, die Sie dann nicht mehr mit ins Bett nehmen müssen.

In einer Studie an Gesunden konnte gezeigt werden, dass abendliche To-Do-Listen zu einem besseren Schlaf führen als über Dinge zu schreiben, die man bereits geschafft hat (Scullin et al., 2018). Probieren Sie es aus! Nehmen Sie sich einen Moment Zeit und schreiben Sie, was Ihnen wichtig ist, was Sie nicht vergessen dürfen, vielleicht auch Sorgen, die Sie beschäftigen. Hören Sie dann auf, wenn Ihnen nichts mehr einfällt. Schreiben Sie am besten nicht im Bett, sondern z. B. am Schreibtisch oder auf dem Sofa. Was Sie aufgeschrieben haben, ist damit erstmal erledigt und kann dort bleiben, wo Sie es am nächsten Tag bei Bedarf wieder gut finden.

3.4 Pausen und Entspannung

In diesem Kapitel soll es darum gehen, Pausen und Entspannungsmethoden kennenzulernen und einzuüben, die dabei helfen, sich zu erholen, Energie zu bewahren und zu gewinnen.

3.4.1 Richtig Pause machen

Ein Irrtum, der häufig bei Nichtbetroffenen zum Thema Fatigue existiert, ist, dass die chronische Müdigkeit dazu führt, dass viel geruht wird und viele Pausen gemacht werden. Nun ist es aber mit der Ruhe wie mit dem Schlaf. Hier geht es auch nicht um die Dauer des vermeintlichen Nichtstuns, sondern um dessen Qualität. Auch Patient:innen mit Erschöpfung tragen an mich manchmal die Idee heran, sie bräuchten keine Pause, sie hätten ja ohnehin seit Tagen »nichts« gemacht. Wenn ich dann genauer nach dem sogenannten Nichtstun frage, entsteht bei mir rasch ein Bild höchster Anstrengung. Zwar gestalten die Betroffenen meist tatsächlich im Außen wenig oder mindestens weniger als sie sich wünschen würden. Sie entspannen aber auch nicht, sondern befinden sich in der dauernden Spannung zwischen »ich müsste« und »ich kann aber nicht«. Es wird gegrübelt und sich unzulänglich gefühlt. Mit einer bewussten Pause hat das wenig zu tun. Ich versuche dann oft, Pausen zu besprechen, wobei klar wird, dass es erstmal wichtig ist zu definieren, was denn eine Pause ist.

Ich schlage folgende Definition vor.
Eine Pause ist:

- *Zeitlich begrenzt.* Sie hat einen Anfang und ein Ende.
- *Sinnvoll gestaltet.* Das bedeutet, sie beinhaltet eine Aktivität, die entspannen soll.
- *Befreit von anderen Aufgaben.* Genauso wenig wie in der Arbeitszeit Pause gemacht werden soll, soll in der Pause gearbeitet werden.
- *Bewusst und im Vorfeld definiert.* »Jetzt habe ich ja schon Pause gemacht« zählt nicht.

Überlegen Sie für sich selbst kurz, wie Sie für gewöhnlich Pausen machen. Haben Sie sich ertappt gefühlt und sind auch gut darin, »Nicht-Pausen« zu machen oder sich selbst einzureden, Sie bräuchten keine Pausen? Wenn dies noch nicht der Fall ist, finden Sie in untenstehendem Kasten eine Liste von Dingen, die viele Menschen in ihrer Freizeit oder gar im Urlaub tun, die aber in der Regel nicht der Erholung dienen.

Häufige Aktivitäten bei Fatigue, die in der Regel nicht an sich erholsam sind

- Medizinischer Termin/Untersuchung
- Klinik- oder Rehabehandlung
- Behördengänge
- Therapien (inkl. Psycho-/Ergo-/Physiotherapie)
- Besorgungen/Einkäufe
- Längere Schonung ohne aktive Entspannung
- Haushaltsführung/sauber machen

Sie brauchen auf jeden Fall Pausen, erst recht dann, wenn Sie ohnehin erschöpft sind. Es ist nur bei chronischer Erschöpfung deutlich schwerer, sich überhaupt zu erholen. Was leider nicht gut funktioniert, ist das beschriebene Rasten, das tatsächlich einfach nur das Weglassen und der Verzicht auf andere Aktivität ist. Dies kann manchmal nötig sein, sollte aber im Verlauf immer mehr durch bewusste und gelingende Entspannung ersetzt werden. Und Entspannung ist gar nicht so leicht, wie man es sich vielleicht vorstellt. Bei chronischer Müdigkeit liegt oft ein hoher Grad an Anspannung vor, mindestens mental, manchmal sogar bis hin zu muskulären Schmerzen. Deswegen ist der erste Schritt, sich dies einzugestehen und vielleicht sogar immer wieder zu sagen: Sie sind nicht entspannt, weil Sie erschöpft sind. Ganz im Gegenteil.

Wenn Sie Schwierigkeiten mit Pausen haben, dann ist es gut, sich einen konkreten Plan zu machen. Dazu überlegen Sie sich, wie oft und wie lange Sie Pausen machen wollen. Dabei sollten Sie sich nicht zu viel von »Pause machen können« leiten lassen. Ein häufiger Irrtum ist, dass wir an Tagen, an denen wir besonders viel zu tun haben, keine Zeit für Pause haben. Genau dann brauchen wir sie besonders. Eine Pause muss nicht lang sein, aber sie muss sein. Planen Sie dafür Zeit ein, die sie auch einhalten.

Inhaltlich ist es wichtig, sich bewusst zu machen, was Energie gibt, und was anstrengt. Siehe auch ► Kap. 3.6. Folgende Fragen können dabei helfen, effektive Pausen zu gestalten:

- *Lieber allein oder lieber mit anderen?* Ist es für Sie entspannter, sich zu entfernen und zurückzuziehen? Sind Sie danach entspannter? Oder profitieren Sie von Kontakt mit anderen und können hier auftanken? Oder genauer: Mit wem können Sie gut Pause machen und von wem sollten Sie sich für den Benefit Ihrer Entspannung besser fernhalten?
- *Welche Umgebung brauchen Sie?* Überlegen Sie sich, wo Sie besonders gut entspannen können. Was macht diesen Ort gut? Ist es dort ruhig, dunkel oder hell? Sind es Gerüche oder andere Sinneseindrücke? Lieber draußen oder lieber drinnen? Lieber vertraut oder lieber etwas entdecken? Haben Sie dort Dinge greifbar, die Ihnen helfen? Machen Sie sich bewusst, wie ein Pausenort für Sie gestaltet sein soll, um sich überall einen entsprechenden Raum suchen oder schaffen zu können.
- *Welche Aktivitäten entspannen Sie?* Vielleicht haben Sie sich bereits in ► Kap. 3.6 damit beschäftigt, was Sie entspannt und Ihnen Kraft gibt. All dies sind mögliche Pausenaktivitäten. »Aktivität« bedeutet keineswegs etwas körperlich Anstrengendes, sondern ein bewusstes Tun und Sich-Einlassen. Auf der Bank zu sitzen und Passanten beobachten kann eine Aktivität sein, genauso wie eine Runde joggen mit einer anderen Person, solange Sie sich bewusst für diese Aktivität entscheiden. Entspannen kann, aber muss nicht unbedingt mit körperlicher Ruhe einhergehen.
- *Wie lange soll die Pause sein?* Das hängt davon ab, wie oft sie Pause machen und wie anstrengend die Zeit dazwischen ist. Auch dann, wenn Sie einer wichtigen Aufgabe gegenüberstehen, die viel Energie verlangt, dann ist es gut, davor eine ausreichend lange Pause einzuplanen. Die Schwierigkeit der klassischen Mittagspause im Berufsleben ist häufig, dass darin viele Dinge Platz finden müssen, die zwar wichtig, aber nicht unbedingt entspannend sind. Essen, der Austausch mit Kollegen oder sogar private Erledigungen. Wenn Sie dies als Pause in

unserem Sinne nutzen wollen, dann ist es vielleicht nötig, sie zu verlängern oder von mancher – nicht entspannenden – Aktivität wieder zu befreien.

Hilfe

Krankschreibung als Pause: Bei chronischer Fatigue spielen bei ausgeprägter Symptomatik auch ärztliche Arbeitsunfähigkeitsbescheinigungen bis zur (Teil-)Berentung eine Rolle. Dies ist häufig ein längerer Prozess. Kurzfristige Befreiungen vom Arbeitsplatz schaffen häufig Entlastung. Ob und wie lange diese gilt, hängt von Ihren berichteten Einschränkungen ab. Aber auch andere Überlegungen sollten eine Rolle spielen:

- Wozu ist Ihr Arbeitsplatz für Sie wichtig? Tun Ihnen die sozialen Kontakte gut, ist Ihre Arbeit sinnstiftend oder ziehen Sie daraus ein gutes Gefühl? Wo gibt Ihnen Ihre Arbeit auch Energie?
- Was wäre an einer Krankschreibung entlastend und wie lange würde diese Entlastung anhalten?
- Was wäre eine gute Balance zwischen Arbeit und Freizeit für Sie?
- Kann Ihr Arbeitsplatz so angepasst werden, dass er für Sie einfacher ist?
- Wie werden Sie die Zeit verbringen? Was würde Ihnen stattdessen guttun?
- Wie und woran merken Sie, dass Sie wieder arbeiten wollen und können?

Besprechen Sie diese Fragen auch mit den Personen, die Sie medizinisch und therapeutisch betreuen.

3.4.2 Entspannen lernen und üben

Wie bereits angedeutet, ist Müdigkeit sicherlich nicht mit Entspannung gleichzusetzen. Ganz im Gegenteil. Bei den Muskelgruppen, die unsere Gelenke bewegen, gibt es Strecker und Beuger. Wenn die eine Gruppe aktiv ist, also angespannt, hält sich die andere Gruppe zurück und lässt los, entspannt sich. Beide Vorgänge und deren Koordination sind unerlässlich für jede unserer Bewegungen. Es braucht also eine Balance. Bei Fatigue kann man sich vorstellen, dass diese Balance aus dem Tritt geraten ist. Der eine Teil spannt sich zu wenig an, der andere Teil lässt nicht los, verhärtet sich und wird steif und überlastet. Vielleicht finden Sie sich in diesem Bild wieder. Genauso wie kraftvolles, koordiniertes Anspannen geübt werden will, so gilt das auch für gezielte Entspannung.

»Du musst dich einfach mal entspannen.«

Haben Sie das schon einmal gehört? Hat dieser oder ein ähnlicher Satz bei Ihnen zu Entspannung geführt? Vermutlich eher nicht. Dennoch hört man diese häufig von wohlmeinenden Freund:innen, Familie oder auch in der Behandlung. Zwei Wörter in diesem Satz sind besonders schwierig. Zum einen führt das Wort »müssen« wohl eher nicht zur Entspannung, sondern durch seine Dringlichkeit eher noch zu mehr Druck. Andererseits kann sich das eingefügte »einfach« wie eine Ohrfeige anfühlen. *Es ist einfach, also mach es doch. Wenn es nicht gelingt, ist es wohl deine Schuld.* Auch das ist sicher nicht richtig und zielführend. Wenn Entspannung so einfach wäre, wäre sie wohl nicht Gegenstand und Thema zahlloser Seminare und Bücher, Yogaschulen hätten es schwer und auch Psychotherapeut:innen wären vermutlich rasch arbeitslos. Dies schon einmal vorab. An Entspannung darf man entspannt herangehen. Viele Techniken funktionieren erst nach mehrfacher Übung so, dass Sie einen guten Effekt bemerken. Dranbleiben lohnt sich, ebenso wie Geduld. Ziel ist nicht, nur noch spannungsfrei zu sein. Es geht, wie gesagt, um das Wiederherstellen der Balance.

Im Folgenden werden einfach anzuwendende Techniken besprochen, die Sie in Ihren Alltag integrieren können.

Atemübungen

Unseren Atem bewusst zur Entspannung einzusetzen, ist die Grundlage der meisten Entspannungstechniken. Denken Sie an Yoga. Hier werden Sie unweigerlich aufgefordert, auf eine bestimmte, bewusste, Art zu atmen. Dies dient der Fokussierung und Entspannung. In jedem Geburtsvorbereitungskurs lernen Sie Atemtechniken, so auch wenn Sie beispielsweise für Angststörungen therapeutische Hilfe suchen. Doch auch ohne bewusst darauf zu achten, nutzen Sie Ihren Atem über die Bereitstellung von Sauerstoff hinaus.

Seufz!

Bei der Beobachtung meines Säuglings fiel mir in den ersten Monaten auf, dass er, wenn er sich bei größerer Aufregung ein kleines Stück beruhigte, tief seufzte. Dies ließ mich stets aufatmen, weil es hieß, dass für uns beide wieder etwas Ruhe zurückgekehrt war.

Durch den Neurowissenschaftler Andrew Huberman ist vor einigen Jahren das sogenannte *physiologische Seufzen* in seiner Funktion bekannter geworden. Dabei atmet man zwei Mal durch die Nase tief ein – natürlich ohne zwischenzeitlich auszuatmen – und atmet stimmhaft durch den Mund aus. Diese einfache Technik ist fast wie der Resetknopf unseres vegetativen Nervensystems. Bei größerer Anspannung schaffen Sie es so, wie mein kleiner Sohn, ohne je darüber nachgedacht zu haben, rasch zu mehr Ruhe. Eine kleine und wirkungsvolle Sofortmaßnahme.

Die Boxatmung

Eine andere beliebte Form der bewussten Atmung ist die sogenannte *Boxatmung*. Die Grundlage und Namensgeber der Technik ist die Vorstellung einer »Box« bzw. eines Quadrats. Man kann sich dazu vorstellen, entlang den Seiten des Quadrats zu atmen. Jede Seite beschreibt eine immer gleiche Dauer. Sie können zum Beispiel bis vier zählen. Ein Zyklus geht: Vier Schläge lang durch die Nase einatmen, vier Schläge halten, vier Schläge lang ausatmen, vier Schläge halten. Dann steht man wieder am Anfangseck des Quadrats und es geht weiter (▶ Abb. 3.1).

Die Übung kann zum Beispiel fünf Minuten lang durchgeführt werden, oder bei Bedarf regelmäßig jeden Tag. Stellen Sie sich am besten einen Timer, damit Sie nicht auf die Uhr blicken müssen. Die entspannende Wirkung tritt direkt nach der Übung ein und hat bei regelmäßiger Durchführung einen nachhaltigen Effekt. Diese und andere Atemtech-

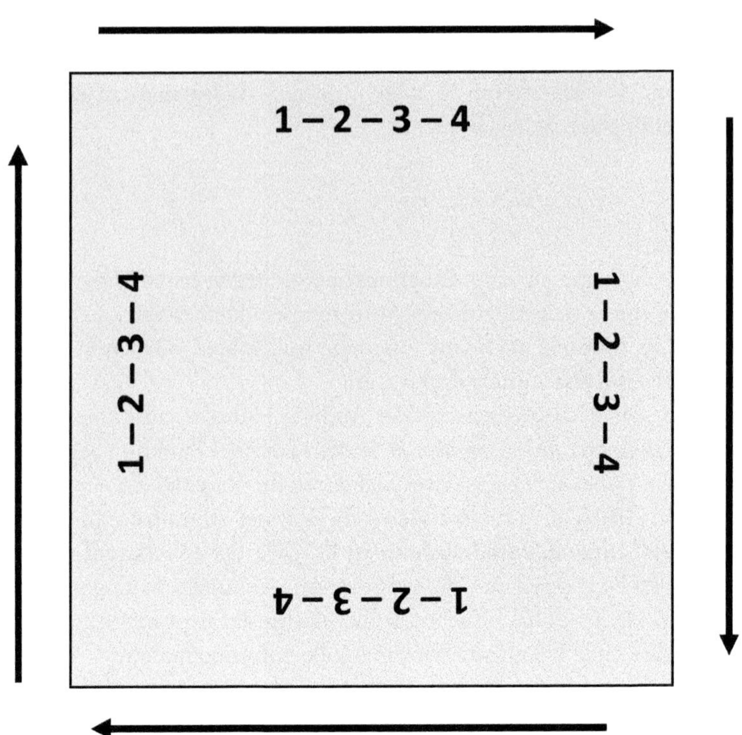

Abb. 3.1: Boxatmung, Schema nach Balban et al. (2023)

niken, wie auch das wiederholt durchgeführte, oben beschriebene Seufzen, zeigten sich als wirksam zur Verbesserung der Stimmung und zur psychologischen und physiologischen Entspannung (also im Sinne von Herz- und Atemfrequenz), wenn sie regelmäßig angewendet werden (Balban et al., 2023).

Imagination

Imagination (deutsch: Vorstellung) meint Übungen, bei denen Sie sich etwas vorstellen sollen. Die Anleitungen sind meist offen genug gehalten, sodass Sie diese mit Ihren eigenen Vorstellungen ausschmücken können.

Und das ist auch gut so, denn so passt die Übung perfekt zu Ihren Bedürfnissen. In der Regel werden diese Übungen mit geschlossenen Augen durchgeführt. Dann wird allerdings eine weitere Person zum Vorlesen oder eine Aufnahme benötigt. Es ist aber auch möglich, die Übungen mit offenen Augen durchzuführen. Denken Sie an das Lesen eines Romanes. Auch dabei müssen Sie sich viel vorstellen und haben die Augen offen.

Bevor Sie beginnen

Um sich optimal entspannen zu können, ist es wichtig, dass Sie vor jeder Übung gute Voraussetzungen für sich und den Moment schaffen.

Damit Sie sich während der Übung möglichst frei und ungestört fühlen und so optimal entspannen können, ist es wichtig, dass Sie sich zunächst einen Ort suchen und an diesen zurückziehen, an welchem das möglich ist. Das kann ein eigener Raum sein oder vielleicht Ihre Lieblingsbank im Park. Wo Sie sich wohlfühlen. Für Viele muss der Ort nicht völlig geräuschlos sein, sondern viele Menschen finden eine gewisse unaufdringliche Geräuschkulisse sogar entspannender als komplette Stille. Minimalanforderung ist, dass Sie sich ausreichend wohlfühlen, um für etwa zehn Minuten die Augen zu schließen und bei sich sein zu können. Gleiches gilt für den Zeitpunkt. Sie haben zwischen zwei Terminen zehn Minuten Zeit – und keine Sekunde länger. Vielleicht nicht der beste Zeitpunkt, wenn Sie noch üben. Später, wenn Sie Entspannungsprofi sind, dann kann auch das ein guter Moment sein.

Sie können jede Übung im Sitzen oder Liegen durchführen. Machen Sie es sich bequem und spüren Sie nochmal in Ihren Körper, ob Sie so einige Zeit sitzen oder liegen können oder ob Sie Ihre Position noch verändern müssen. Es hilft, bereits dafür kurz die Augen zu schließen. Atmen Sie einmal tief durch die Nase ein, halten kurz und atmen dann durch den geöffneten Mund wieder aus. Bequem? Gut, dann können Sie loslegen.

Damit Sie die Trance, in der Sie sich auf diese Weise bewegen, gut nutzen können, brauchen Sie ein gutes Bild, eine Vorstellung, die für Sie passend ist und genug Anregung bietet, sie weiterzuentwickeln, dass sie perfekt zu Ihnen passt.

In ▶ Kap. 3.5.2 wird beschrieben, wie Sie von Ihrem Problem zu einer Zielformulierung gelangen können. Dies findet auch hier Anwendung. In ▶ Tab. 3.2 finden Sie mögliche Verknüpfungen von Ausgangslage und das entsprechende Bild für Sie zum Ausprobieren. Die hier fehlenden Übungen finden Sie online. Ebenso können Sie dort alle Übungen auch als Audios zur leichteren Verwendung finden.

Tab. 3.2: Anwendungsbeispiele für nachfolgende Imaginationen

Problembeispiel/Nuance von Fatigue	Wunsch/Ziel	Bild/Übung
Abgeschlagenheit	Frische	Gebirgsbach
Starre	Leichtigkeit	Feder
Schlappheit	Kraft	Pferd im Galopp
Hilflosigkeit	Gelassenheit	Segelboot
Anspannung	Ruhe	Seerosenteich

Übung

Der rauschende Gebirgsbach

Nutzen Sie dieses Bild, um wieder mehr Frische zu gewinnen. Schließen Sie die Augen und tätigen Sie einige tiefe Atemzüge. Langsam ein und aus. Mit jedem Atemzug strömt warme, verbrauchte Luft aus Ihnen aus und Sie atmen kühlere, frische Luft ein. Voller Sauerstoff. Kommen Sie mit. Wir gehen an einen Bach im Gebirge. Es ist nicht weit weg. Sie können vielleicht bereits das Rauschen hören, ihn aber noch nicht sehen, durch das Dickicht, den Wald, die Blätter. Vielleicht kennen Sie den Bach bereits gut. Vielleicht haben Sie dort bereits einige Zeit verbracht, vielleicht ist es auch das erste Mal an diesem Bach. Ist er bei Ihnen zuhause? In Ihrer alten Heimat? An einem Urlaubsort? Gehen Sie nun langsam auf den Bach zu. Er wird dabei lauter. Sie hören das Plätschern. Das Rauschen. Vielleicht spüren Sie seine Kühle an den

Wangen. Den Wind, der ihn umweht und kleine Tropfen auf Ihre Wangen wirft. Halten Sie inne. Das Wasser, die Steine, Pflanzen? Was sehen Sie? Gibt es dort einen Wasserfall? Steine und Felsen, die das Wasser teilen? Grüne saftige Pflanzen an beiden Seiten? Schauen Sie in das Wasser, wie es klar und schnell an Ihnen vorbeifließt. Vielleicht nimmt es Blätter mit. Vielleicht sehen Sie Fische, vielleicht können Sie durch das Wasser die bunten Kiesel bewundern, die sanft umspielt werden. Wenn Sie mögen, treten Sie noch einen Schritt näher, tauchen Sie vorsichtig Ihre Hand oder Ihren Fuß in das kühle Wasser. Ganz wie es Ihnen gefällt. Wie fühlt sich das Wasser auf Ihrer Haut an? Bleiben Sie einen Moment hier und lauschen Sie, schauen Sie und spüren Sie. Machen Sie drei lange Atemzüge. Spüren Sie noch einmal in das Körperteil, das Sie in das Wasser getaucht haben. Wenn Sie in Zukunft Frische benötigen, erinnern Sie sich an das Gefühl, das Sie gerade haben. Sie haben es in Ihrer Hand oder Ihrem Fuß gespeichert und immer dabei. Verabschieden Sie sich langsam vom Bach und kommen zurück in den Raum.

Übung

Das rennende Pferd

Nutzen Sie diese Übung für ein Gefühl von Kraft. Schließen Sie die Augen und machen Sie einige tiefe Atemzüge. Langsam ein und aus. Mit jedem Atemzug werden Sie ein bisschen verbrauchte Luft los. Mit dem Einatmen bemerken Sie, wie sich Ihr Brustkorb kraftvoll hebt, wie frische, sauerstoffreiche Luft Ihren Körper betritt. Der Sauerstoff breitet sich in Ihrem Körper mit jedem Atemzug immer weiter aus, bis jede Zelle, auch die Äußersten, voller Energie ist. In diesem Bild können Sie sich entscheiden. Sie können sich dazu entscheiden, ein Pferd zu reiten, es zu beobachten oder sich sogar in das Tier einfühlen. Vielleicht wechseln Sie auch während der Übung. Das ist ganz Ihnen überlassen. Es ist alles erlaubt, solange Sie sich wohlfühlen. Wie sieht es aus? Welche Farbe hat es, wie groß ist es? Kennen Sie es oder sehen Sie es gerade zum ersten Mal? Beobachten oder fühlen Sie, wie der Brustkorb des Tieres sich weitet und zusammenzieht. Mit großen Bewegungen. Mit viel Kraft. Bleiben Sie hier einen kurzen Moment und beobachten Sie. Dann lade ich Sie ein, aufzusteigen oder sich hineinzubegeben. Was hat sich nun verändert? Sie sind höher über dem Boden. Sie haben eine andere Perspektive. Blicken Sie nach vorne. Wohin wollen Sie reiten? Ist dort eine offene Fläche? Wiesen? Ein Wald? Eine lange Straße oder ein Weg? Haben Sie ein bestimmtes Ziel oder wollen Sie einfach drauflos? Das Tier bewegt sich langsam nach vorne. Gleichmäßig auf und ab. Sie spüren den Untergrund und wie es sich immer wieder davon abdrückt. Vielleicht beginnen Sie langsam zu traben. Vielleicht galoppieren Sie. Vielleicht wollen Sie auch ein paar Sprünge einbauen. Betrachten oder spüren Sie, wie sich die Beine immer wieder vom Boden abdrücken, nach oben schnellen. Die Geschwindigkeit und den Rhythmus in Schweif und Mähne. Die Geschwindigkeit an seinen oder auch Ihren Ohren. Gehen, laufen oder rennen Sie oder lassen Sie rennen. Wohin Sie wollen, wie schnell Sie wollen, so lange wie Sie wollen. Sie können Kurven machen, sich aufbäumen, sogar springen. Genießen Sie den lebendigen Ritt. Genießen Sie das Gefühl von Kraft. Wo in Ihrem Körper spüren Sie es am meisten? Wie fühlt es sich an? Wenn Sie bereit sind, dann kommen Sie zurück in den Raum. Speichern Sie dabei den Ort und die Qualität des eben erlebten Gefühls. Hier können Sie es wiederfinden, wenn Sie es brauchen.

Übung

Der Seerosenteich

Nutzen Sie diese Imagination, um wieder mehr zur Ruhe zu finden. Schließen Sie die Augen und machen Sie einige tiefe Atemzüge. Langsam ein uns aus. Mit jedem Atemzug lockern Sie Ihren Brustkorb und lassen nach und nach ein bisschen Anspannung auch in Ihrer restlichen Muskulatur los. Mit jedem Atemzug wird Ihr Körper ein Stückchen lockerer, bis Sie noch so viel Spannung haben, wie Sie gerade für Ihren bequemen Sitz benötigen. Ich lade Sie ein, sich auf eine Bank zu setzen. Wenn Sie mögen auch auf einen Stein oder ins Gras. Sie sitzen an einem Teich. Wie groß ist er? Können Sie Ihn in kurzer Zeit umschreiten oder ist er weitläufiger? Ist er eingewachsen oder ist der Rand frei? Scheint die Sonne? Ist es bewölkt oder regnet es gar? Vielleicht dämmert es auch. Betrachten Sie die Wasseroberfläche. Ist sie ruhig oder gibt es kleine Wellen? Was spiegelt sich darin? Vielleicht liegen Blätter auf der Oberfläche. Seerosenblätter oder die einer Lotosblume. Eine blühende Wasserpflanze. Wie die Blätter das Wasser bedecken. Vielleicht werden Sie immer wieder von kleinen Wellen gehoben und gesenkt. Vielleicht im Rhythmus Ihrer Atmung. Betrachten Sie die Blüten. Sind Sie geöffnet, geschlossen oder sind es nur Knospen? Welche Farben sehen Sie? Sind Sie alle gleich oder gibt es Unterschiede? Welche Blüte spricht Sie besonders an? Vielleicht sehen Sie bei genauer Betrachtung Wassertropfen auf Blättern und Blütenblättern. Die Tropfen sammeln sich zu größeren, perlenförmigen Tropfen, laufen nach unten. Vielleicht fallen sie ins Wasser. Dort, wo sie auftreffen, bilden sich kleine, größer werdende Kreise. Wenn es an Ihrem Teich regnet, können Sie dies häufiger beobachten. Vielleicht bemerken Sie auch kleine Bewegungen an der Wasseroberfläche, die von unten kommen. Vielleicht gibt es Fische, die dicht an die Wasseroberfläche kommen. Oder vielleicht kleine Frösche. Vielleicht sind die kleinen Turbulenzen, die sie im Wasser verursachen, hörbar. Sanftes Plätschern. Lassen Sie den Blick schweifen und bleiben Sie an einer Stelle, die Ihnen besonders gut gefällt, die Ihnen gerade besonders guttut. Halten Sie hier einen Moment inne. So lange, wie es Ihnen gefällt. Achten Sie darauf und merken Sie sich, an welcher Stelle Ihres Körpers Sie ein Gefühl der Ruhe oder ein wohliges Gefühl bemerkt haben. Speichern Sie es sich dort ab, um es parat zu haben, wenn Sie es brauchen, bevor Sie langsam wieder zurückkommen.

Neben den beschriebenen fallen Ihnen vielleicht andere Bilder ein, die für Sie nützlich sind. Was sind Ihre Energiequellen (▶ Kap. 3.6.3) und wie können Sie aus diesen für sich wertvolle Imaginationen machen? Probieren Sie es aus.

Achtsamkeit bei Fatigue

Sicher sind Sie schon einmal mit dem Begriff der Achtsamkeit in Berührung gekommen. Seit einigen Jahren wird Achtsamkeit scheinbar überall propagiert. Allheilmittel Achtsamkeit. Aber auch bei Fatigue?

Was ist Achtsamkeit eigentlich? Interventionen, die auf Achtsamkeit, oder im Englischen *Mindfulness*, ausgerichtet sind, sollen eine Fokussierung auf bestimmte Empfindungen richten. Achtsamkeit beinhaltet also ein intensives, achtsames, Sich-Einspüren. Gleichzeitig soll dieses Spüren getrennt werden von den Bewertungen, die in der Regel unmittelbar folgen, also zum Beispiel, dass etwas unangenehm ist. Es ist also eine neugierige, liebevolle Beschäftigung mit sich selbst. Insbesondere bei längerdauernden Körperbeschwerden kann dies viel helfen. Achtsamkeit kann entspannen, aber auch die Beziehung zu sich schrittweise wieder verbessern, da Menschen mit Beschwerden in der Regel eben diese Beschäftigung mit sich immer mehr vermeiden, wodurch Distanz zu den eigenen Empfindungen entsteht, was den Bezug zu sich selbst immer schwerer macht. In diesen Teufelskreis greifen diese Interventionen ein und steuern gegen. Wissenschaftlich untersucht, ob Achtsamkeit bei Fatigue helfen kann, ist dies besonders bei Patient:innen mit Krebsdiagnosen. In einer Übersichtsarbeit sah man über alle relevanten Studien hinweg einen kleinen bis mittleren signifikanten Effekt, der auch nach einigen Monaten noch vorhanden war (Chayadi et al., 2022).

Andere Studien deuten darauf hin, dass Achtsamkeit vor allem auf die mentalen Aspekte von Fatigue einen Einfluss hat, also zum Beispiel zur Verbesserung der Stimmung und der Konzentrationsfähigkeit. ▸ Abb. 3.2 zeigt die Wirkfaktoren in ihrer Beziehung zueinander (Cao et al., 2022).

Achtsamkeit hat eine lange Tradition und stammt als spirituelle Praktik aus dem Buddhismus. Vielleicht haben Sie schon einmal Achtsamkeit praktiziert und es nur nicht so genannt. Vielleicht in Form von Yoga oder einer Meditation oder vielleicht auch ganz, ohne dass sie ihr einen Namen gegeben haben.

Klingt toll? Mit Achtsamkeit können Sie Entspannung fördern, Stress abbauen und dadurch das Erleben von Fatigue verbessern. Sie ist nebenwirkungsarm und wirkt besser, je besser Sie sie beherrschen. Denn wie alle Angebote in diesem Kapitel, erfordert Achtsamkeit Übung. Unsere Ge-

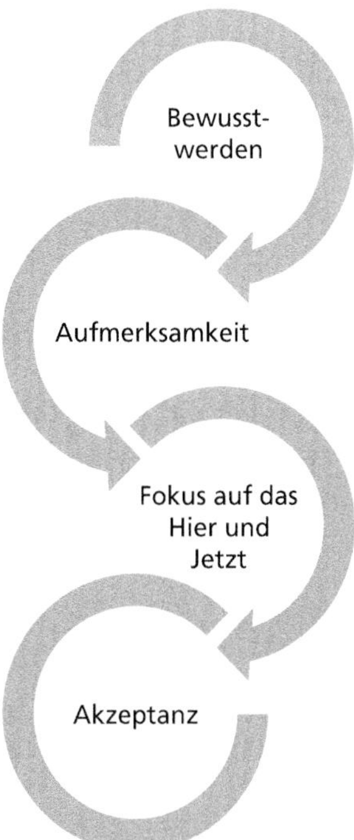

Abb. 3.2: Wirkfaktoren der Achtsamkeit. Bestimmte Empfindungen werden bewusst wahrgenommen (Bewusstwerden). Die Aufmerksamkeit wird auf diese Empfindungen gerichtet, wodurch eine intensive Erfahrung des Moments entsteht (Fokussierung auf das Hier und Jetzt). Erfahrungen und Erwartungen (»dann und damals«) treten in den Hintergrund, was das bewertungsfreie Erleben ermöglicht (Akzeptanz).

danken schweifen gerne oder drängen sich auf, lenken uns von unserem Fokus ab oder wollen doch so gerne bewerten. Das ist alles normal und trotz dieser »Störungen« kann Achtsamkeit gelingen. Sie werden mit derselben Haltung betrachtet, ohne zu werten. In der nachfolgenden Übung erhalten Sie Anregungen, wie Sie dies in Ihren Alltag integrieren können.

Übung

Gehmeditation: Der Achtsamkeitsspaziergang

Besonders zu Beginn – bevor Sie Entspannungsprofi sind – ist es hilfreich, wenn Sie in der Achtsamkeitsübung nicht still dasitzen und sich konzentrieren müssen, besonders dann kommen gerne Gedanken, die Sie zu Beginn immer wieder ablenken können. Stattdessen können Sie im Gehen üben. Am besten bei einem Spaziergang mit sich allein. Nehmen Sie sich einen Zeitrahmen vor. Vielleicht zu Beginn etwa 15 bis 20 Minuten und eine Strecke, die Sie gehen wollen. Vielleicht können Sie auch mehrfach im Kreis gehen. Beim Gehen konzentrieren Sie sich dabei zunächst nur auf einen Teil Ihres Körpers, zum Beispiel das Abrollen Ihres Fußes bei jedem Schritt. Bleiben Sie dort. Wenn Gedanken kommen und Sie ablenken, betrachten Sie diese ebenso mit Interesse wie das Abrollen und dann bringen Sie den Fokus wieder zu Ihren Füßen. Sie können auch Ihren Atem betrachten oder sogar Dinge, die Sie außen wahrnehmen (am besten in der Natur).

3.5 Energie richtig einsetzen: Ziele setzen und Werte verstehen

Bei wenig Energie ist es besonders wichtig, diese bewusst und zielgerichtet zu verwenden. Im besten Fall so, dass Sie Ihnen wichtige Ziele verfolgen können und Ihren Wünschen und Werten entsprechend handeln können. Auch wenn Sie diesem Gedanken vermutlich zustimmen, ist es doch alles andere als einfach, dem gerecht zu werden. Dies erfordert Planung. Besonders bedeutsam ist es dabei, sich bewusst zu machen: Was ist mir wichtig? Worauf kommt es mir an? Was sind meine Werte? Was muss ich erreichen, damit ich mich besser fühle und stolz auf mich sein kann? Welche Veränderung, die mir hilft oder guttut, ist mir besonders wichtig?

Wenn dies klar ist, dann ist es einfacher, sich danach zu richten. Im Folgenden finden Sie Anregungen, wie dies gelingen kann.

3.5.1 Was sind meine Werte?

Als Grundlage für gute Ziele sollen uns Werte dienen. Sich mit diesen zu beschäftigen, kann manchmal überraschend sein. Oft sprechen wir von uns und sagen zum Beispiel: »Familie und Freunde sind mir das Wichtigste!« Dann verbringen wir andererseits einen Großteil unserer Zeit, vielleicht sogar Urlaub und Wochenende, mit unserem Beruf und unserer Karriere oder einer anderen Tätigkeit, die dem eigentlich ausgesprochenen Wert der nahen Beziehungen entgegensteht. Was bedeutet das? Ist uns doch der Beruf wichtiger, sind wir nicht gut darin, unsere Werte zu priorisieren oder geht es einfach nicht anders? Ein anderer häufiger Zustand, bei dem es sich lohnen kann, sich mal mit seinen Werten zu beschäftigen, ist der anstrengende Modus, in dem alles gleichzeitig stattfindet und erledigt werden muss. Alles ist wichtig! Arbeit, Familie, Hobby(s), Vereine. Nichts darf hinten runterfallen. Dabei fällt gerade dann häufig alles herunter oder mindestens man selbst.

Klare Werte können hier etwas Ordnung schaffen. Sie lassen einiges nach vorne treten, anderes in den Hintergrund und schaffen damit Prioritäten. Wenn man sie ernst nimmt, geht es natürlich auch darum, etwas als weniger wichtig zu bewerten. Auch das kann schwierig sein, wird aber leichter durch das Gefühl dem zu folgen, was wirklich wichtig ist.

Übung

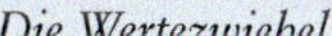

Diese Übung ist besonders dann sinnvoll, wenn sich viele Aufgabenbereiche stauen, Sie häufig frustriert und überfordert sind, vielleicht sogar den Überblick verloren haben.

Beginnen Sie mit einem Haufen! Nehmen Sie sich dafür Zettel oder besser Karteikarten (fester und griffiger) und einen Filzstift zur Hand. Fangen Sie an, alle wichtigen Aufgaben und Lebensbereiche zu notieren, in denen Sie aktiv sind und, mit denen Sie Ihre Zeit füllen. Ein Beispiel finden Sie im Bild auf der linken Seite. Es soll ruhig vollständig sein. Beim Schreiben fällt Ihnen möglicherweise erst auf, wie viele Zettel es sind. In einem zweiten Schritt sollen Sie nun eine Hierarchie bilden. Die tatsächliche IST-Situation. Bilden Sie einen Turm. An der Spitze, also vorne, sind diejenigen Karten, die die Lebensbereiche symbolisieren, mit denen Sie die meiste Zeit verbringen. Nach unten hin schließen Sie diejenigen Karten an, die weniger Zeit beanspruchen, bis Sie bei dem geringsten Zeitaufwand angelangt sind. Lassen Sie dies kurz auf sich wirken. Gefällt Ihnen, was Sie sehen? Vielleicht sind Sie erschlagen von der Menge der Aufgaben und Schauplätze, vielleicht traurig darüber, welche Dinge besonders viel Raum einnehmen und welche dagegen sehr wenig.

Im nächsten Schritt können Sie sich darüber Gedanken machen, was Ihnen eigentlich wichtig ist. Machen Sie zuvor ein Bild von Ihrem Turm. Wenn es Ihnen nicht möglich ist, ein Foto zu machen oder Sie beide Modelle lieber in Papierform nebeneinander haben wollen, müssen Sie jeden Zettel oder jede Karte duplizieren. Nehmen Sie sich eine zusätzliche Karte. Diese können Sie zum Beispiel »Ich« nennen oder Ihren Namen darauf schreiben. Sie ist das Zentrum Ihrer Wertezwiebel. Schichten Sie nun von innen nach außen. Innen sind dabei diejenigen Bereiche, die Ihnen besonders wichtig sind, die besonderes Gewicht erhalten sollen, weiter außen die Bereiche, die weniger wichtig sind. Wenn Ihnen nahe dem Zentrum der Platz ausgeht, überlegen Sie nochmal genau und priorisieren Sie. Trauen Sie sich, Karten in äußere Schichten zu schieben! Innen ist bei der Zwiebel und bei Ihnen am wenigsten Platz, am Rand in der Peripherie dagegen sehr viel mehr. Nehmen Sie sich ruhig Zeit und verschieben Sie so lange die Karten, bis Sie wirklich zufrieden sind. Machen Sie noch ein Bild. Jetzt ist vermutlich ein anderes Bild entstanden. Hoffentlich ein klareres. Wenn Sie Ihre Zwiebel nutzen wollen, dann können Sie nun beide Bilder abgleichen. Was hat sich von der Spitze des Turmes nach außen bewegt, was nach innen? Vielleicht ist es erleichternd, Dinge an den Rand zu schieben und ermöglicht es Ihnen, dies auch tatsächlich in Ihrer Zeitplanung umzusetzen. Merken Sie sich auf jeden Fall den

Zwiebelkern. Was Ihnen das Wichtigste ist. Hier lohnt es sich besonders, Energie zu investieren und hier finden Sie auch nicht selten Ihre Energiequellen.

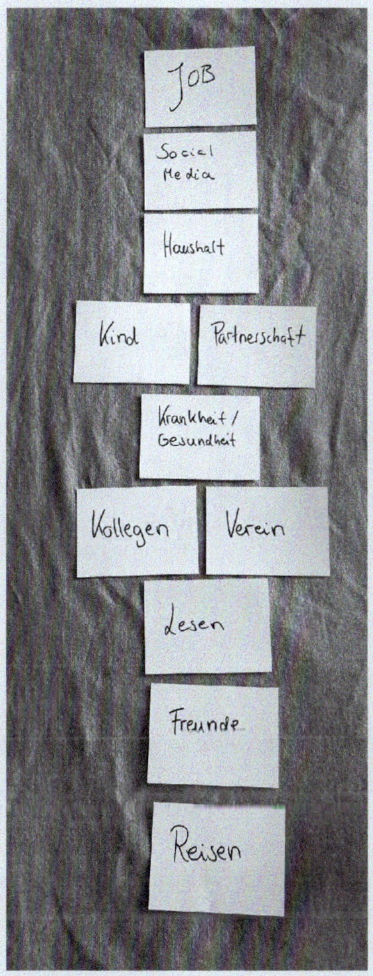

Abb. 3.3: Bild 1: Zeitturm

Abb. 3.4: Bild 2: Wertezwiebel

3.5.2 Ziele setzen

Nachdem Sie sich über Ihre Werte bewusst geworden sind, können Sie sich nun Ziele setzen. Vielleicht haben Sie sich selbst vor der Fatigue in Erinnerung als eine Person, die geradezu mühelos alles erreichte. Vermutlich ist es gerade schwerer und es scheint Ihnen, als würden Sie gar nichts schaffen. Ein Teil des Gefühls fußt vermutlich darauf, dass Ihnen deutlich weniger möglich ist oder nur langsam und unter Anstrengung. Ein anderer Teil des Gefühls ist häufig darauf begründet, dass Ziele nicht definiert oder, wenn dann, nicht erreichbar und kleinschrittig genug sind.

Zum Beispiel: Bergsport ist Ihnen wichtig. Früher waren Sie an jedem freien Wochenende wandern. Am besten auch auf dem Klettersteig. Heute waren Sie spazieren, flach durch den Park, eine halbe Stunde. Sie sind enttäuscht. Das hat sicher nichts mit Ihrem eigentlichen Ziel zu tun. Mag sein, aber das liegt auch am Ziel.

Ein Ziel zu erreichen, ist etwas Großartiges. Man ist erleichtert, froh, stolz. Man fühlt sich wirksam und weiß, dass man etwas geschafft hat, was wichtig war. In der Fatigue ist das Setzen von Zielen schwieriger, aber umso wichtiger, besonders um das Gefühl von Wirksamkeit wiederzugewinnen. Setzen Sie sich Ziele, aber nur solche, die Ihnen wirklich etwas bringen und, die Sie erreichen können.

Vielleicht sind Sie im Zusammenhang mit Zielen schon einmal über das Akronym *SMART* gestolpert. Dieses Konzept stammt ursprünglich vom US-amerikanischen Managementforscher Peter Drucker (Drucker, 1979). Jeder Buchstabe steht dabei für eine Eigenschaft, die ein gutes Ziel unbedingt haben sollte, also:

- *S:* spezifisch. Ein Ziel sollte klar beschrieben sein, sodass Sie selbst genau wissen, was gemeint ist und auch ein anderer unmissverständlich verstehen kann, worum es geht.
- *M:* messbar. Es muss klar sein, wie Sie feststellen können, dass das Ziel erreicht wurde. Bei Schulnoten ist das beispielsweise leicht, da diese gleich eine Messung mitbringen. Bei anderen Zielen, müssen Sie sich vielleicht überlegen: woher weiß ich, dass ich das Ziel erreicht habe?
- *A:* attraktiv. Es klingt banal, aber es ist wichtig, dass Ihr Ziel ebendas ist, Ihnen wichtig und etwas, was Sie weiterbringt und, was Sie anstreben.
- *R:* realistisch. Vielleicht der wichtigste Punkt. Ein nicht realistisches Ziel ist schlechter als gar keines. Es ist ein sicherer Garant für Enttäuschung und einen Knacks am Selbstbild. Realistisch bedeutet, dass es unter gegenwärtigen und erwartbaren Bedingungen realistisch ist, also nicht: »Wenn ich gesund bin, schaffe ich das ja.«
- *T:* terminiert. Ihr Ziel braucht einen Zeitrahmen. Hat Ihnen schon einmal jemand gesagt: »Das mache ich irgendwann«. Und? Warten Sie immer noch? Ziele, die keinen klaren Rahmen haben, werden gerne auf die lange Bank geschoben und häufig gar nicht angegangen.

3.5.3 Vom Problem zum Ziel – wohin statt wovon weg

Nicht nur im psychotherapeutischen Kontext lohnt es sich, sich Zeit zu nehmen, Ziele zu formulieren. Und umzuformulieren. Ein Ziel, das Sie schon lange im Blick, aber noch nicht erreicht haben, wäre auch ein Ziel, das vielleicht nochmal überdacht und vielleicht sogar angepasst werden kann. Warum ist es noch nicht erreicht? Ist es nicht klar genug? (S) Ist es schwer oder nicht festzustellen, wann es erreicht ist? (M) Ist es Ihnen vielleicht gar nicht so wichtig? (A) Ist es vielleicht gar nicht realistisch? (R) Oder haben Sie dafür keinen festen Zeitrahmen festgelegt und verschieben es immer wieder? (T)

Ein anderes Problem bei Zielen kann die Richtung sein. Ein gutes spezifisches Ziel gibt eine Richtung an, einen Punkt, zu dem man hinmöchte. Zwei wichtige Fehler, die die Navigation sehr schwer machen, besonders bei chronischen Beschwerden, sind:

- Das muss weg! Das Ziel wird nicht als »hin« definiert, sondern als »weg von«.
- Wieder so wie früher! Das Ziel wird als ein Zustand in der Vergangenheit definiert.

Warum funktioniert das nicht? Stellen Sie sich vor, Sie steigen ins Taxi. Die fahrende Person fragt Sie: »Wohin soll es gehen?« Sie sagen: »Weg von hier!« Vermutlich wird die Person verwirrt sein und Sie vielleicht irgendwo hinfahren. Total beliebig. Wollten Sie dorthin? Haben Sie sich diesen Ort als Ziel vorgestellt? Vermutlich nicht. Sie werden diese Taxifahrt vermutlich nicht als Zielerreichung definieren. Derdie Fahrer:in ist auch verwirrt und sagt vielleicht später über diese Fahrt: Ich habe jemanden befördert, der nicht wusste, wohin er wollte. »Aber es gibt doch den Rückwärtsgang!«, – wollen Sie jetzt vielleicht erwidern. Aber der bringt Sie nicht zurück in die Vergangenheit und ist auf den Straßen des Lebens eher eine Verkehrsbehinderung. Es geht nach vorne. Wenn Sie Orte und Plätze Ihrer Vergangenheit besuchen, kennen Sie vielleicht auch das Gefühl, dass es nicht mehr so ist, wie Sie es kennen. Sie haben sich Ihre Vergangenheit auf eine bestimmte Art gemerkt, Dinge betont und weggelassen. Sie ist an ein bestimmtes Gefühl geknüpft. Das zu reproduzieren ist kaum möglich. Wir neigen auch gerne zur Verklärung: je älter wir werden, desto häufiger war früher alles besser.

Ziele sollen also nach vorne und auf ein klares Ziel gerichtet sein. Zum Beispiel: Sie leiden sehr unter Ihrer Müdigkeit. Wenn Sie ein Ziel für Ihre Behandlung formulieren sollen, dann lautet das vielleicht ähnlich wie: »weniger Müdigkeit«

Dieses Ziel ist verständlich. Sie wünschen sich ja, dass der leidvolle Zustand milder wird oder verschwindet. Es ist aber schwer messbar. Wie kommen Sie jetzt aber vom Problem zum Ziel?

Fragen Sie sich:

- Was wünsche ich mir stattdessen? Was ist dann anders (zum Beispiel, wenn ich weniger erschöpft bin)?
  Antwort kann zum Beispiel sein: Dann habe ich mehr Kraft.
- Wie bemerken Sie, dass Sie sich diesem Wunschzustand (zum Beispiel mehr Kraft) nähern?
  Das ist etwas kniffliger, wenn Sie die Regel der Messbarkeit beachten. Gefühle sind schwer zu messen und eignen sich für diesen Schritt oft nicht so gut. Auch wenn das Gefühl das Ziel ist, ist es für die Zielerreichung einfacher, äußerlich bewertbare Kriterien heranzuziehen. Also zum Beispiel: Ich unternehme Wanderungen.
- Was ist das kleinstmögliche Teilziel?
  Ihr Wunschzustand ist hoffentlich attraktiv für Sie, aber vermutlich noch etwas weiter entfernt. Es ist also wichtig, Zwischenziele zu definieren, um zu bemerken, dass Sie auf dem richtigen Weg sind. Betrachten Sie sie diese als Almen und Bänke auf Ihrer langen Wanderung. Das erste Ziel sollte möglichst nahe liegen und damit möglichst realistisch und rasch erreichbar sein. Für das Ziel der Wanderung kann das zum Beispiel ein kurzer Spaziergang sein (zum Beispiel zehn Minuten), sofern dies mehr ist, als Sie derzeit tun. Sonst wählen Sie die nächsthöhere Stufe.
- Bis wann kann und will ich das Ziel erreichen?
  Legen Sie einen Zeitraum fest, der realistisch erscheint. Gleichzeitig sollte das Ziel nicht zu weit in die Zukunft verschoben werden, sonst laufen Sie Gefahr, dass Sie vorher frustriert aufgeben oder es gar ver-

gessen. Wenn das schwierig erscheint, gehen Sie einen Schritt zurück. Ihr Ziel ist noch zu groß.

Eine gelungene Zielformulierung benötigt Zeit. In einem therapeutischen Setting ist es nicht ungewöhnlich, mehrere Stunden mit einem gut formulierten Ziel zu verbringen. Aber es lohnt sich! Während Sie auf diese Art ein Ziel formulieren, gehen Sie bereits einen großen Schritt in seine Richtung. Online finden Sie einen Zielebogen, den Sie nutzen können. Viel Erfolg beim Planen!

3.6 Einflussfaktoren erkennen und beeinflussen

Mit Fatigue geht häufig ein Gefühl von Hilflosigkeit einher. Die Beschwerde scheint sich nicht zu verändern, immer schlechter zu werden oder in Schwankungen zu verlaufen, in denen Sie keine Muster erkennen. Und wenn Muster da sind, dann nicht solche, auf die Sie einfach einwirken können. Einflussfaktoren besser zu verstehen, ist ein wichtiger Schritt hin zu mehr Selbstbewusstsein und Selbstwirksamkeit. Am besten natürlich solche, die auch Ihrer Einflussnahme unterliegen.

Dieser Schritt lohnt sich besonders und ist gleichzeitig besonders schwierig, allein oder ohne Hilfestellung zu bewältigen. Denn: Sie bemerken Schwankungen wahrscheinlich nicht oder nicht gut. »Doch« widersprechen Sie jetzt vielleicht »erst vorige Woche wurde es schlechter.«

Aber wann wurde es das letzte Mal besser? Denn, wenn es Schwankungen in die eine Richtung gibt, muss das Pendel notwendigerweise zwischendurch in die andere Richtung ausgeschlagen haben. Vielleicht ganz unbemerkt. Aber warum ist das so? Ihr Gehirn filtert und verdichtet sensorische Informationen und gibt diese nicht eins zu eins an Ihr Bewusstsein durch. Diese Informationen werden auch nach Wichtigkeit bewertet und weitergegeben oder eben nicht. Anzeichen von Schädigung im Körper, also zum Beispiel im Sinne einer verstärkten Erschöpfung, werden vermutlich als wichtiger bewertet als die Information »Gerade ist mehr Energie vorhanden«. Bei allem, was wir als Normalzustand verstehen, also die Abwesenheit von Beschwerden, leuchtet nicht plötzlich eine rote Lampe und es tönt ein Alarm. Sie entgehen uns meist gänzlich, wenn wir nicht konkret und bewusst unsere Aufmerksamkeit darauf richten.

Bessere Tage werden häufig retrospektiv deutlich: »Heute geht es mir so schlecht wie an einem Tag vor einer Woche. Das heißt also, dass es mir zwischendrin wohl besser gegangen sein muss.« Dieser Mechanismus führt auch dazu, dass sich chronische Fatigue in der Regel wie ein konstant schlechter Zustand mit Verschlechterungen zwischendurch anfühlt, ohne dass wir die Tage und Stunden bemerken, an denen es besser ist. Aber genau die sind wichtig für die Behandlung!

Durch die ungleiche Berichterstattung Ihres Gehirns haben Sie vielleicht bereits ein gutes Bild von Einflussfaktoren, die Ihre Fatigue kurz- oder mittelfristig verschlechtern. Auch das kann man sicher noch weiter ausdifferenzieren, aber Sie haben wahrscheinlich ein Bild. Aber wie entstehen Verbesserungen? Und was können Sie selbst beitragen? Dem wollen wir uns in diesem Kapitel widmen.

3.6.1 Aufmerksamkeit lenken und Bewusstsein schaffen – mein Energietagebuch

Um Einflussfaktoren der Beschwerden zu verstehen, müssen Sie zunächst die Schwankungen und Nuancen genauer nachvollziehen können und dies erfordert, wie oben beschrieben, eine Lenkung der Aufmerksamkeit. Sie benötigen also regelmäßige, beschwerdeunabhängige Abfragen Ihres Befindens im Alltag. Quasi statt: »Oh, jetzt bin ich aber ziemlich erschöpft«, »Wie geht es mir gerade?«. Das »wie« sollte dafür möglichst vergleichbar sein. Das Vorgehen ist in den folgenden Schritten beschrieben.

Skala nutzen

Es bietet sich an, eine Skala von 0 bis 10 oder von 0 bis 100 dafür zu nutzen. Der Unterschied zwischen der Zehner- und der Hunderterskala ist der, dass die Hunderterskala kleinteiligere Unterscheidungen ermöglicht. Wenn Sie sich unsicher sind, empfehle ich Ihnen die Zehnerskala, da diese für den Anfang leichter ist. Mit dem Fokus als Verbesserung schlage ich vor, »Energie« als Maß zu nutzen. Die Null ist dabei keine Energie und die 10 bzw. 100 höchste Energie.

Skala eichen

Um die Skala gut nutzen zu können, müssen Sie die zunächst einmal eichen. Beschäftigen Sie sich bereits jetzt damit, was die einzelnen Zahlen für Sie bedeuten. Das ist in der Regel ganz individuell. Die Randpunkte (0 und 10/100) sollten Sie dabei freihalten oder für besonders außergewöhnliche Belastungen und Erleichterungen reservieren. Ihr »Alltagsenergieniveau« sollte weder bei 0 noch bei 9 oder 10 liegen, da es dann kaum mehr möglich ist, Schwankungen zu differenzieren. Mit dieser Übung wollen Sie möglichst weg von »meine Fatigue ist immer bei 10/10«. Deswegen lohnt es sich, dies gleich bei der Eichung zu berücksichtigen. Um diesen Prozess zu erleichtern und damit Sie Ihre ganz individuell geeichte Skala immer griffbereit haben, finden Sie dazu zwei Arbeitsblätter online (für 10 oder 100). Sie können auch mehrfach nacheichen. Es ist sogar begrüßenswert, immer mal wieder nachzubessern oder vielleicht von 10 auf 100 zu wechseln, um noch kleinere Schwankungen zu bemerken.

Regelmäßige Abfrage

Wenn Ihre Skala etabliert ist, benötigen Sie als nächstes ein festes Schema, nach dem Sie im Alltag immer wieder Ihr Energieniveau feststellen. Dabei ist besonders wichtig, dass Sie nicht nur dann Ihre Skala herauskramen, wenn Sie sich gerade besonders erschöpft fühlen, sondern, unabhängig von Ihrer derzeitigen Belastung, zu festen Zeiten, immer wieder einen Status erheben. Möglichkeiten, dies im Alltag umzusetzen sind:

- *Tagebuch:* Halten Sie jeden Tag an mindestens drei festgelegten Zeitpunkten fest, wie es Ihnen geht, wie erschöpft oder energiegeladen Sie gerade sind. Nutzen Sie die dazu Ihre Skala, die Sie verschriftlicht oder mindestens vorüberlegt haben. Ein Tagebuch dient dazu, eine Routine des Schreibens zu erleichtern, aber ist auch sehr praktisch, um immer wieder zurückzublättern und nachzuschlagen. Ihr Tagebuch kann ein tatsächliches Buch sein, Sie können es aber natürlich auch digital führen oder mit ausgedruckten Formularen. Hierzu können Sie auch die Vorlage online nutzen.
- *Erinnerungen:* Zusätzlich zum Tagebuch können Sie sich erinnern lassen, beispielsweise durch die Erinnerungsfunktion Ihres Mobiltelefons oder auch durch Symbole, die Sie erinnern. Zum Beispiel können das Aufkleber auf Gebrauchsgegenständen sein (beispielsweise rote Punkte).

Umstände erfassen

Ihr Tagebuch bietet Ihnen anhand der Zahlen einen Überblick über den Verlauf der Beschwerde. Um nun Einflussfaktoren ableiten zu können, müssen Sie zusätzlich Qualitäten des Moments erfassen. Wir verwenden dazu gerne Gedanken, Gefühle und Bewertungen, die in diesem Moment aufkommen. Außerdem ist interessant, was gerade passiert und kurz vorher passiert ist. Dies können Sie frei eintragen. Und – keine Sorge – dieser Teil darf kurz sein. Wenn Sie sich, ohne lange zu überlegen rasch Notizen machen, dann hinterfragen Sie auch die eigene Reaktion weniger. Sie bleibt authentisch und für Sie im Nachhinein leicht nachvollziehbar.

Muster erkennen

Das Gute am Tagebuch: Es ist schwarz auf weiß und Sie können später nochmal nachlesen. Ein konsequent geführtes Energietagebuch macht es möglich, Muster zu erkennen, wo man sie sonst nicht gesehen hätte. Es kann sich um Verbesserungen handeln, die man sonst nicht gesehen hätte, sowie deren Begleitumstände. Auch bei abrupten Verschlechterungen übersieht man im Alltag oft, was dazu beiträgt und, wann oder wie man noch hätte einschreiten können. Durch Ihr Tagebuch können Sie dies rückwirkend erkennen und nachvollziehen.

3.6.2 Selbst Einfluss nehmen

Wenn Sie über oben beschriebenen Weg oder im Vorfeld bereits Einflussfaktoren erkannt haben, dann können Sie diese nutzen, um aktiv Ihre Beschwerden zu beeinflussen. Dafür ist es zunächst wichtig, zu unterscheiden, wie viel Kontrolle Sie über diese Faktoren haben. Ein Beispiel für einen klassischerweise nicht beeinflussbaren Umstand ist das Wetter oder auch Ihr Alter. Das sind Gegebenheiten, die Sie nicht verändern können. Gegenüberliegend sind Dinge, auf die Sie deutlich Einfluss nehmen können. Beispiele sind zum Beispiel Ihre Ernährung oder mit welchen Personen Sie wie verkehren.

Vielleicht wollten Sie bei beiden Enden des Spektrums der Einflussnahme widersprechen. Denn, ja, Sie können zwar nicht verändern, dass es regnet. Sie können sich aber einen Schirm nehmen, drinnen bleiben oder sogar in eine Region fahren, in der die Sonne scheint. Andererseits ist auch Ernährung nicht nur in Ihrer Kontrolle. Vielleicht können Sie sich einen bestimmten Ernährungsstil gar nicht leisten oder in Ihrer Region ist gar nicht alles verfügbar oder von einer Qualität, die Ihnen nicht zusagt. Auch bei sozialen Kontakten ist es nicht immer ganz klar, wie frei Sie sind. Es gibt oft innere und äußere Zwänge, die bedingen, mit wem Sie Zeit verbringen und mit wem nicht. Ihre Kollegen können Sie sich meist genauso wenig aussuchen wie Ihre Familienmitglieder. Andersherum tut Ihnen möglicherweise Kontakt mit einer Person gut, die Sie oft nicht sehen können oder die vielleicht selbst dem Kontakt nicht zustimmt. Insgesamt sind Ihre Möglichkeiten der Einflussnahme fast nie in »ja« oder »nein« einzuteilen, sondern es handelt sich dabei um ein Kontinuum. Siehe auch ► Abb. 3.5 zur Veranschaulichung.

Abb. 3.5: Verlauf der Möglichkeiten der Einflussnahme von keiner Kontrolle bis zur maximal möglichen Einflussnahme als Kontinuum

In diesem Spektrum werden Sie viele der Faktoren, die Sie erarbeitet haben, vermutlich irgendwo in der Mitte einordnen. Sie erkennen einen gewissen Einfluss, aber auch Grenzen. Wenn Sie intuitiv viel ans linke Ende packen, also sich selbst keine Kontrolle zugestehen, lesen Sie weiter und denken Sie noch mal darüber nach. Oft ist mehr möglich als man denkt. Und es ist wichtig, sich das bewusst zu machen. Auch auf der anderen Seite des Spektrums kann es schwierig sein. Nur weil Sie etwas theoretisch beeinflussen können, kann es mehr oder weniger schwerfallen. Ein Verhalten zu ändern, liegt formal in Ihrer Kontrolle. Oder? Vielleicht haben Sie schon einmal versucht, mit dem Rauchen aufzuhören oder sich etwas anderes an- oder abzugewöhnen. Auch hier gibt es viele Hürden. »Zu schaffen« ist nicht dasselbe wie »leicht«.

Ein wichtiges grundlegendes Ziel in der Psychotherapie ist die Verbesserung der Selbstwirksamkeitserwartung. Das bedeutet, sich selbst als kompetent, handelnd und verändernd zu erleben. Besonders bei psychischen Erkrankungen wie Depression, aber auch bei chronischen Körperbeschwerden wie Fatigue, kommt es oft zu Gefühlen von Hilflosigkeit. Diese beeinflussen unser Denken und werden zu »Ich kann nicht«. Es ist eine langwierige Aufgabe, wieder mehr Vertrauen in die eigenen Fähig keiten zu entwickeln und die eigenen Spielräume zu erkunden. Wer sich selbst als wirksam erlebt, hat die Erwartung, Schwierigkeiten aus eigener Kraft angehen zu können. Das verursacht Wohlbefinden und hilft uns in schwierigen Zeiten. Es geht dabei nicht um Allmachtsphantasien oder vollständige Kontrolle, sondern um das schöne Gefühl, etwas, einen Teil, in der Hand zu haben (Wirtz, 2021).

Grundsätzlich gibt es folgende Möglichkeiten der Einflussnahme:

- *Verändern:* Ist besonders geeignet für Faktoren, auf die Sie viel Einfluss haben. Sie werden bei der Beschäftigung mit Einflussfaktoren vielleicht einige alltägliche Dinge gefunden haben. Vielleicht bemerken Sie nach bestimmten Aktivitäten verstärkt Fatigue. Hier finden sich Ansatzpunkte für Veränderung. Vielleicht können Sie diese anpassen, verschieben oder weglassen, um so auszuprobieren, was Ihnen das bringt. Vielleicht haben Sie nicht nur einen Zusammenhang zu Aktivitäten und äußeren Umständen, sondern auch zu anderer Art von Belastung hergestellt. Zu Sorgen. Zu Gedanken. Zu anstrengenden inneren Prozessen. Diese lassen sich zwar oft nicht von heute auf morgen verändern, aber sie zu erkennen, zu benennen und ihre Tragweite zu verstehen, ist ein sehr bedeutender Schritt. Sie sind gerade dabei, etwas zu verändern. Vielleicht helfen Ihnen dabei die Kapitel des dritten Teils oder vielleicht profitieren Sie auch von einer Psychotherapie. Besonders schön ist es, wenn Sie Dinge finden, die Ihnen guttun, die zu einer kurzzeitigen Verbesserung beitragen, die sich leicht in den Alltag integrieren lassen. Das sind oft kleine Dinge, wie ein gutes Essen oder ein Spaziergang, manchmal auch vergessene Ressourcen, oder vielleicht sind es auch bestimmte Menschen. So können Sie täglich etwas Gutes für sich tun. Und das bewusst.
- *Anpassen:* Ist eine Unterform oder die kleine Schwester der Veränderung. Etwas ist besonders belastend? Vielleicht sollten Sie es weglassen, vielleicht reicht aber auch eine Anpassung. Einen anstrengenden Termin kann man vielleicht kürzen oder auf eine Tageszeit verschieben, zu der Sie mehr Energie haben. Vielleicht können Sie sich bei bestimmten Aufgaben Hilfe suchen oder in der Arbeit etwas delegieren. Vielleicht ist es auch nicht immer nur die Dauer, sondern die Intensität, die Sie belastet. Vielleicht kann man hier Abstriche machen. Es lohnt sich, sich mit den eigenen Ansprüchen zu beschäftigen und diese zu hinterfragen. Sie haben es schwerer mit der Fatigue. Sie sollten sich nicht dasselbe abverlangen wie ohne sie.
- *Unterstützung suchen:* Manche Veränderungen lassen sich nicht allein bewältigen und auf manches haben Sie zwar nur wenig, aber jemand anderes dafür viel Einfluss. Vielleicht haben Sie festgestellt, dass bestimmte Bereiche oder Tätigkeiten an Ihrem Arbeitsplatz schwierig sind und zu Ihrer Erschöpfung beitragen. Sie können in einem be-

stimmten Rahmen entscheiden, wie Sie Ihre Arbeit gestalten, den Rest entscheiden Andere. Manchmal wird leider erst bei langer Krankschreibung oder Teilberentung daran gedacht, wie man die Dinge auch so verändern kann, dass sie machbar sind und die Betroffenen nicht weiter schädigen. Wenn Sie besser verstehen, was Ihnen an Ihrer Arbeit guttut und was nicht, ist das ein guter Anlass, ein Gespräch mit Vorgesetzten darüber zu führen. Diese haben auch etwas davon, wenn Sie erhalten bleiben und sich damit beschäftigen, wie Sie in Ihrem Rahmen beitragen können. Oft ist mehr möglich als man denkt. Unterstützung und in Kontakt mit anderen zu bleiben, nicht allein die Fatigue zu bewältigen, sind sehr wichtig. Vielleicht helfen Ihnen Teile des zweiten Kapitels des Buches über Ihren Schatten zu springen, wenn es Ihnen schwerfällt, nach Hilfe zu fragen.

- *Vermeiden und aufsuchen:* Funktioniert auch, wenn Sie wenig Einfluss haben. Oder es Zeit braucht, die Dinge zu verändern oder anzupassen. Es gibt Umstände, die Ihnen Fatigue bereiten, an denen Sie aber derzeit nicht genug verändern können, dann bleibt Ihnen die Vermeidung. Das kann eine vorübergehende Krankschreibung sein, vielleicht sogar eine Kündigung. Vielleicht vermeiden Sie Kontakt zu Personen, wenn er Ihnen nicht guttut. In die andere Richtung können Sie Umstände auch aufsuchen, die Ihnen guttun. Sie profitieren von ruhigen Räumen? Oder vielleicht ist es Ihnen eine Wohltat, wenn Sie mit Personen sprechen, die Ihnen Verständnis entgegenbringen, aber Sie haben wenige, denen Sie dies zutrauen. Vielleicht können Sie sich einer Selbsthilfegruppe anschließen oder eine ärztliche oder therapeutische Behandlung in Anspruch nehmen, in der Sie sich aufgehoben fühlen.
- *Umgang finden:* Manchmal ist es nicht so leicht, etwas zu verändern, wegzulassen und auch Unterstützungsgesuche treffen nicht immer auf offene Ohren oder brauchen manchmal etwas Anlauf. Vielleicht haben Sie für sich belastende Einflussfaktoren erkannt, die erstmal nicht zu ändern sind. Hinterfragen Sie trotzdem, was es bräuchte für eine Veränderung. Oder wen. Dann können Sie langsam Schritte unternehmen. In der Zwischenzeit können Sie Ihren Umgang mit der Schwierigkeit verändern. Vielleicht können Sie den Rest Ihres Alltags anpassen, mehr Pausen einbauen und anders darauf Rücksicht nehmen. Bei der Auf-

gabe, Schwieriges mit den dazugehörigen Gefühlen zu verdauen, hilft auch ▶ Kap. 3.8.

3.6.3 Kraftquellen

Ein häufig verwendeter Begriff im psychologischen Kontext und sicher auch in Ratgebern ist der Begriff der Ressourcen, also der Quellen, aus denen wir Kraft ziehen. Gesundheitsbezogene Ressourcen sind äußere und innere Umstände und Fähigkeiten, die unsere Gesundheit erhalten und fördern (Wirtz, 2021). Ein wichtiger Teil der Therapie und ein Grundgedanke des dritten Teils dieses Buches ist, diese bewusst zu machen, zurückzugewinnen und zu stärken. Zu Ihren Ressourcen gehört Ihr Umfeld, zum Beispiel auch Ihr Sozialstatus und Ihre Finanzen, aber auch Interessen, Ziele, Werte, und viele mehr.

Umgangssprachlich wird unter »Ressourcenarbeit« oft verstanden, Interessen wieder zu entdecken und zu fördern. Auch das ist ein wichtiger Teil. Wenn Sie nicht besonders viele positive Einflussfaktoren für sich feststellen konnten, dann kann es sein, dass Dinge, die Ihnen eigentlich guttun, derzeit nicht zugänglich sind oder, aus welchen Gründen auch immer, in Ihrem derzeitigen Alltag nicht vorkommen. Das kann Anlass bieten, sie zu reaktivieren.

- Was hat Ihnen früher gutgetan? Denken Sie an Hobbies oder Interessen oder auch eine Einstellung, die Sie zum Leben hatten. Wie können Sie dies wieder integrieren?
- Was würde Ihnen vielleicht guttun? Möglicherweise sind Sie auf etwas neugierig, was Sie schon immer ausprobieren wollten. Was hält Sie ab? Ist es möglich, dies auszuprobieren, ob es Ihnen hilft?
- Wer tut Ihnen besonders gut? Freund:innen, Familie oder Partner:in?
- Lassen Sie sich inspirieren. Vielleicht finden Sie auf diesen Seiten Inspiration, vielleicht denken Sie gerade an Andere. Was hilft denjenigen? Auch eine Selbsthilfegruppe oder überhaupt der Austausch mit anderen Betroffenen kann weiterhelfen.

Übung

Der Kraftquellenkoffer: Wir brauchen unsere Ressourcen meist dann am meisten, wenn wir gerade ganz weit weg von Ihnen sind und uns der Zugriff am schwersten fällt. Es ist daher praktisch, wenn Sie dann etwas zur Hand haben, was den Zugriff erleichtert. Dieser »Koffer« kann eine Schachtel sein, ein Umschlag oder irgendein anderes Behältnis. Nehmen Sie sich etwas Zeit zu überlegen, was hineingehört und keine Angst, es darf immer etwas dazu kommen oder auch ausgetauscht werden. Sie füllen ihn am besten mit Dingen, die Ihnen direkt Kraft geben oder auch mit Symbolen Ihrer Kraftquellen, die Sie erinnern sollen. Beispiele sind:

- Duftöle, Bonbons oder Kaugummis.
- Bilder von bestimmten Personen, einem Ort, an dem Sie gerne sind oder den Sie noch bereisen wollen.
- Ein altes Stofftier, ein Talisman, etwas, das Sie bei jedem Umzug mitnehmen und das für Sie eine besondere Bedeutung hat.
- Eine Karte, ein Bild oder Zeitungsausschnitt, die für etwas stehen, was Sie noch erreichen wollen.
- Alte Konzertkarten Ihrer Lieblingsband oder eine CD.
- Handarbeitssachen.
- Ein Symbol für etwas, das Sie erreicht haben, wie zum Beispiel eine Zeugniskopie.

Halten Sie Ihren Erste-Hilfe-Koffer immer bereit für den Fall, dass Sie ihn brauchen. Eine deutlich abgespeckte Version kann auch ein Bild im Portemonnaie oder in der Handyhülle sein. Viel Spaß beim Gestalten!

3.7 In Balance kommen – Grenzen ernst nehmen und Aktivität steigern

Das Thema »Grenzen« ist Ihnen bereits in ▶ Kap. 2.5 begegnet, in dem es um Grenzen im Zwischenmenschlichen ging. Hier soll es noch einmal um Grenzen gehen. Diejenigen Grenzen, die Sie mit Ihrer Fatigue täglich aushandeln.

3.7.1 Grenzen stecken

Wenn Fatigue entsteht und chronisch wird, bemerken Betroffene meist, dass die Räume des Möglichen immer enger werden. In der Verbesserung und Behandlung versucht man, diese Grenzen wieder weiter nach außen zu verschieben und die Spielräume zu weiten. Dies ist der Grundgedanke jeder Behandlung. Aber das ist natürlich leichter gesagt als getan. Verlorenen Spielraum wiederzuerlangen, ist das zentralste Element Ihres Weges und gleichzeitig meist das Schwierigste.

Zwei häufige Fallstricke dabei sind:

- *Zu schnell zu viel:* Wie mehrfach beschrieben, fehlt es Menschen mit Fatigue in der Regel nicht an Antrieb oder Anspruch, sondern diese sind ausreichend vorhanden und sogar Teil des Leids, da man diesen nicht gerecht wird. Wenn es heißt »Sie müssen nach und nach Ihre Aktivität steigern« – oder manchmal auch ohne eine Aufforderung – legen Viele, insbesondere, wenn es einmal einen leichteren Tag gibt, so richtig los. Dann muss wieder alles gehen. Häufig ist, dass die Betroffenen das Getane als immer noch nicht ausreichend oder »wie früher« bewerten, sich das Pensum aber von außen, objektiv, deutlich über dem in der Fatigue Normalen befindet und weit weg von einer therapeutisch ratsamen Dosis. Was folgt, ist häufig eine nachfolgend größere Erschöpfung. Der berentete Marathonläufer, der seit Jahren nur noch sitzt, mag es als nicht beachtlich bewerten, wenn er plötzlich aus dem Sitzen aufsteht und fünf Kilometer geht, vermutlich war es aber ein zu großer Schritt aus der derzeitigen Situation.

- *Rückschläge als Fehler oder Versagen werten:* Nach eben skizzierter Situation kommt es erwartbar zu einer (in der Regel) vorübergehenden Verschlechterung der Fatigue. Das ist unangenehm und nimmt Vielen die Hoffnung, die aufkeimte, als sie dachten, dass das nun die neue Grenze sei. *Es geht doch nicht!* Ein andermal könnte man sich auch bestätigt fühlen: *Wusste ich doch, dass es nicht geht. Jetzt ist es bewiesen.* Rückschläge und vorübergehende Verschlechterungen der Symptome sind ein normaler Teil von Therapie und Behandlung. Wenn sie aber als Fehler oder als Beweis dafür, dass die Behandlung nicht wirkt oder gar schädlich ist, verstanden werden, ist es schwer, sie zu überwinden und aus ihnen etwas Konstruktives zu ziehen.

Für Menschen mit chronischer Erschöpfung ist das Erspüren dieser Grenzen nicht leicht. Ein Grund dafür ist, dass die Grenze Sorge bereitet. Zu oft hat sich vermutlich oben beschriebenes Szenario ereignet. Deswegen wird ein Sicherheitsabstand zur Grenze eingehalten, um gar nicht erst in ihre Nähe zu kommen. Der eigene Spielraum wird dabei noch enger, was auch zu weiterer Dekonditionierung führt (▶ Kap. 1.3.2). Ein anderer Mechanismus ist, dass die Antenne, die die Grenze eigentlich registrieren soll, eingefahren ist. Die langdauernden Körperbeschwerden lassen abstumpfen und Betroffene spüren ihren Körper immer weniger feinfühlig. Dies reicht bis zur totalen Abspaltung des eigenen Erlebens. So dringen nur noch sehr starke körperliche Reize durch und werden bewusst. Das ist einerseits hilfreich. Wer will schon den ganzen Tag Erschöpfungsalarmsignale des Körpers registrieren und verarbeiten müssen? Andererseits ist es dann auch schwer, den Abstandsmelder zu hören, wenn man sich der Grenze nähert. Wird die Grenze dann bemerkt – zum Beispiel durch starke Beschwerdezunahme – ist sie meist nur noch klein im Rückspiegel zu erkennen. Es ist also längst zu spät.

Um die Grenzen wieder zu verschieben, ist aber genau das nötig: Die Grenzen gut zu spüren und ganz sanft kleine Schritte nach draußen zu wagen. Auch hier kann es zu Rückschlägen und vorübergehenden Beschwerden kommen. Jedoch sind diese kleiner, je näher Sie an oder innerhalb der Grenze geblieben sind.

Was kann Ihnen dabei helfen?

- *Achtsamkeit:* Viele der Übungen dieses Buches sind darauf ausgelegt, ein gutes zugewandtes Hinspüren wieder zu ermöglichen. Dies erfordert viel Übung. Je besser Sie werden, desto leichter werden Sie die Frühwarnzeichen erkennen. Neben der Übung braucht es stete Aufmerksamkeit, mindestens bei der Grenzprobe. Diese sollte nie mit »Augen zu und durch« geschehen. So kommen Sie vielleicht im ersten Moment weiter, müssen es dafür aber vermutlich hinterher büßen und Ihre Grenze haben Sie so sicher nicht lokalisiert. Wenn Sie gut wissen, wo diese verläuft, dann gelingt es viel besser, den ganzen Spielraum auszunutzen, statt sich noch weiter einzuschränken.
- *Ein Gegenüber:* Es ist möglich, allein die Grenzen zu be- und überschreiten. Allerdings ist dies vor allem zu Beginn schwieriger und riskanter. Ihr wichtigstes Werkzeug an dieser Stelle ist immer eine zweite Person. Es kann sich dabei um ärztliches oder therapeutisches Personal handeln oder um eine Person aus Ihrem Freundeskreis oder aus der Familie. Die andere Person ist nicht dazu da, Sie zu entlasten. Sie dient Ihnen vor allem dazu, Ihnen ein Feedback zu geben, das Sie sonst nicht bekommen. Sie selbst können sich nicht von außen sehen. Gerade dann, wenn wir unser Verhalten ändern wollen, benötigen wir diese Perspektive. Gewohnheiten sind wie ein Gummiband, das sich kurz dehnt und dann gemeinsam mit uns in alte Muster zurückschnalzt. »Das geht schon noch!«, sagen Sie dann vielleicht und glauben sich, denn wann haben Sie sich jemals belogen? Eine andere Person wäre vermutlich anderer Meinung, sieht Ihre Anstrengung an Ihrer Körpersprache und kennt Ihren Biss und inneren Anspruch. Viele Seiten der Fatiguebehandlung sind alleine schwierig zu bewerkstelligen, eine gelungene Aktivierung mag davon die Schwierigste sein. Nehmen Sie Hilfe an oder suchen Sie aktiv danach.

Dies sind die Kernelemente jeder gelungenen Aktivierung. Insbesondere im Zusammenhang mit dem Chronic Fatigue Syndrom gibt es mehrere Begriffe, die oft als unvereinbare gegensätzliche Strategien gehandelt werden. Die Begriffe sind *gestufte Aktivierung* (im Englischen: »graded exercise« oder auch »grading«) und *Pacing*. Diese werden im Folgenden näher besprochen.

3.7.2 Mehr Aktivität wagen – Gestufte Aktivierung oder Pacing?

Was ist das eigentlich? Gestufte Aktivierung bedeutet ebendas. In kleinen Stufen soll nach und nach der Aktivitätsrahmen erweitert werden. *Pacing* (englisch: to pace = das Tempo angeben) ist definiert als eine Belastung innerhalb der individuellen Belastungsgrenzen. Ziel ist, diese zwar auszunutzen, jedoch nicht zu überschreiten, um die nachfolgende Verschlechterung zu vermeiden. Ist das so gegensätzlich? ▶ Tab. 3.3 verschafft einen Überblick über Unterschiede und Gemeinsamkeiten, wie beide Verfahren meist interpretiert werden. Sie sehen: es gibt in allen Bereichen eine gemeinsame Grundlage. In beiden Verfahren ist es essenziell, sich mit den Grenzen der eigenen Leistungsfähigkeit zu beschäftigen, um diese gut zu kennen und damit auch achten zu können. Beide haben eine Symptomverbesserung zum Ziel und betonen die Bedeutung der Belastungsgrenzen für das Wohlbefinden.

Tab. 3.3: Vergleich der Verfahren Gestufte Aktivierung und Pacing

	Ziel	**Verhältnis zur Belastungsgrenze**	**Grundannahme**
Gestufte Aktivierung (Graded Exercise)	Verbesserung der Leistungsfähigkeit	An oder kurz darüber	Aufbau ist möglich
Pacing	Vermeidung von stärkerer Fatigue	Innerhalb	Überbelastung ist riskant
Gemeinsamkeiten	Symptomregulation	Grundlage ist besseres Verständnis und Lokalisierung der Grenze	Achtung der Grenzen ist bedeutsam für das Wohlbefinden

Eine wichtige Unterscheidung liegt darin, was erreicht werden soll und kann. Während Pacing auf den Erhalt der Leistungsfähigkeit ausgerichtet ist, zielt gestufte Aktivierung aktiv auf eine Verbesserung der Beschwerden ab. Das spiegelt die Grundannahmen wider, die von unterschiedlichen Möglichkeiten ausgehen. Während Pacing eher an einen erwarteten chronischen Verlauf, bei dem die Verschlechterung vermieden oder zumindest verlangsamt werden soll anknüpft, geht die Aktivierung von Heilbarkeit und Wiederherstellung der Leistungsfähigkeit aus. An diesem Punkt entstehen zwischen Kliniker:innen und Forschenden mitunter Konflikte, weil dies das Grundverständnis einzelner Erkrankungen betrifft, zu dem es noch keinen Konsens gibt. Dies trifft vor allem für CFS und derzeit Post-COVID zu. Für die Fatigue bei anderen Erkrankungen spielen beide Grundgedanken eine Rolle, werden jedoch in der Regel weniger kontrovers diskutiert.

Pacing ist in wissenschaftlichen Studien oft unterschiedlich durchgeführt oder auch nicht detailliert beschrieben, und seine Wirksamkeit im Fall von CFS ist nicht eindeutig belegt. In manchen Studien werden die beiden Konzepte auch verbunden und es ist dann nicht mehr von Pacing, sondern doch von gesteigerter Aktivierung die Rede oder es werden beide Begriffe verwendet. Obwohl es für viele Betroffene die Haupt- und einzige Empfehlung ist, die in Leitlinien vorkommt, ist man sich hier uneins, bzw. kann diese Empfehlung nur auf suboptimale Daten stützen (Sanal-Hayes et al., 2023).

Was bedeutet das nun für den Einzelfall? Um Spielräume zu erweitern, muss an den Grenzen gearbeitet und langsam auftrainiert werden. Dies gelingt häufig nicht allein, sondern in (therapeutischer/medizinischer) Begleitung. Deswegen werden Sie an dieser Stelle keine Übung finden. Zudem ist dies naturgemäß mit einer großen Anstrengung verbunden, sowie mit dem Risiko vorübergehender Fatigueverschlechterung. Deswegen ist eine Steigerung des Aktivitätsniveaus nicht zu jeder Zeit gleich möglich und gleich sinnvoll. Es wird Zeiten in Ihrem Krankheits- und Behandlungsverlauf geben, an denen dies leichter ist, und andere, an denen es eher angebracht sein kann, sich nur innerhalb der derzeitigen Spielräume zu bewegen. In jedem Fall ist die ärztliche Empfehlung entscheidend.

Für eine gelungene Aktivierung braucht es gute Voraussetzungen. Wenn keine oder nur wenige dieser Voraussetzungen erfüllt sind, ist es vielleicht gerade kein guter Zeitpunkt oder es ist vorher wichtig, diese Voraussetzungen zu schaffen. Diese sind zum Beispiel:

- *Es gibt Unterstützung:* Sie haben eine oder mehrere Personen, die dieses Vorhaben begleiten.
- *Es gibt einen Rahmen:* zum Beispiel ein therapeutisches Setting, einen festen Zeitrahmen.
- *Sie sind motiviert:* so ein Ziel braucht Raum. Es ist günstig, wenn Sie sich auf dieses Ziel einlassen können und darauf fokussieren.
- *Sie haben Hoffnung:* »Sie sind meine letzte Chance« ist eher nicht ein Satz am Anfang einer gelungenen Aktivitätssteigerung. Hoffnung lässt sich nicht herbeizaubern, es reicht aber ein kleiner Funken.
- *Sie haben Vertrauen:* Alternativ oder ergänzend zur Hoffnung ist Vertrauen in die begleitenden Personen ebenso wie in sich selbst eine gute Voraussetzung.
- *Sie haben realistische Erwartungen:* Wie auch beim Rahmen ist hier eine gute Zielformulierung wichtig.

Auch nach einer erfolgreichen Aktivierung geht es in der Regel nicht steil bergauf. Der Verlauf weist erfahrungsgemäß Hügel und Berge, aber auch Täler auf. Dies zu wissen kann helfen, wenn man sich gerade in einem Tal befindet, ebenso wie die Erfahrung, dass man es schon mal nach oben oder auf das derzeitige Plateau geschafft hat. Es ist nicht immer leicht, die Geduld mit sich zu haben und deswegen in Ordnung, auch mal im Tal Pause zu machen. Niemand kann von Ihnen erwarten, dass es immer gleich gut funktioniert mit der Aktivierung. Auch in einem engeren Spielraum kann man Luft holen bis man bereit ist, einen Schritt näher an die Grenze zu wagen. Lassen Sie sich die Zeit, die Sie brauchen.

3.8 Wenn es nicht so schnell besser wird – Umgang mit Enttäuschung und Trauer

Der Weg aus der Erschöpfung heraus ist häufig lang. Noch dazu verläuft er selten geradlinig. Es kommt zu einer Verbesserung, die man auch spüren kann, dann wird es wieder schwieriger. Oft ist es eine stetige Berg- und Talfahrt. Für Viele vielleicht ein ganzer Alpencross. Es geht erst steil bergauf, dann ein Stück bergab und immer so weiter bis zum Ziel. Eine vorübergehende Verschlechterung ist häufig normal und ein Schritt im Prozess. Sie bedeutet in der Regel keinen stetigen Abwärtstrend. Dennoch kann es herausfordernd sein, sich immer wieder neu zu motivieren.

In meiner klinischen Erfahrung ist die Auseinandersetzung mit Enttäuschung und Rückschlägen bei Erschöpfung besonders bedeutsam und kaum zu vermeiden. Diesem Thema ist auch deswegen ein ganzes Kapitel gewidmet, weil es aus meiner Sicht hilft, anzuerkennen, dass ein Tal zur Reise dazugehört und nicht unbedingt ein Anzeichen für eine falsche Behandlung oder eine schädliche Überbelastung darstellt. Die Behandlung chronischer Fatigue ähnelt in vielen Aspekten einem Training beim Sport. Manchmal gibt es rasche Fortschritte, dann stagniert es wieder, dann wird es vielleicht noch schwieriger. Unser Körper gewöhnt sich schnell an die Abwesenheit und Reduktion von Beschwerden, dies wird häufig gar nicht registriert, wenn man nicht direkt darauf achtet.

Ein zweiter wichtiger Aspekt ist die Bedeutung, sich mit den begleitenden Gefühlen auseinanderzusetzen und diese auch ernst zu nehmen. Vielleicht sogar die erlebte Fatigue davon ein Stück weit zu trennen. Auch an »guten Tagen« kann es Verzweiflung geben und durch die Erkenntnis, dass es »schlechte Tage« gibt, wird das begleitende Gefühl nicht unbedingt beseitigt. Und das muss es auch nicht.

In der Arbeit mit Patient:innen mit Fatigue erlebe ich immer wieder viel Trauer. Viele berichten von einer vergangenen Zeit, in der sie große Leistungsfähigkeit, Wachheit und Energie verorten. Der Blick zurück ist nicht nur bei Menschen mit chronischer Krankheit auch verklärt. Aber gerade im Vergleich zu einem jüngeren, gesünderen Ich, welches weniger auf Grenzen achtete oder achten musste, stellen viele fest, dass dieser

Zustand höchstens noch annähernd wiederherzustellen ist. Auch wenn die Arbeit an der Fatigue eine kontinuierliche Verbesserung anstrebt, ist sie doch kein Garant für den Zustand, den viele »wie früher« nennen. Zur erfolgreichen Behandlung gehört schließlich auch, mehr und schneller Grenzen wahrzunehmen und diese mindestens einmal zur Kenntnis zu nehmen. Das widerspricht dem scheinbar unbeschwerten »früher«. Denn früher ist vorbei, egal wie Sie sich gerade oder in Zukunft fühlen. Das ist erst einmal keine große Weisheit, aber vielleicht hat der Satz bei Ihnen bereits etwas ausgelöst. Vielleicht Traurigkeit, vielleicht auch Ärger.

3.8.1 Der innere Kritiker und der innere Antreiber

In der Fatigue fühlen Sie sich vermutlich nicht einfach nur erschöpft, sondern häufig auch getrieben. Unser Antrieb und Ehrgeiz, die uns normalerweise gut motivieren und dabei unterstützen, dass es weitergeht, sind bei chronischer Fatigue oft kontraproduktiv. Es bringt nichts, auf ein müdes und krankes Kutschpferd einzupeitschen. Es wird davon vermutlich nicht tun, was man von ihm will, sondern leidet Schmerzen und wird höchstens noch auf den Peitschenden losgehen. Ein innerer Kampf, den Sie vielleicht gut kennen und der sich auf gewaltsame und schmerzhafte Art hocheskalieren kann.

»Ich sollte doch X«, »Ich wollte doch Y«, »Warum habe ich noch nicht Z« und so weiter.

In der Psychotherapie nutzt man häufig das Bild eines inneren Kritikers oder eines inneren Antreibers. Vielleicht haben Sie das bereits einmal gehört. Es geht dabei um einen Selbstanteil. Im gerade verwendeten Bild ist das die Person mit der Peitsche. Dieser Selbstanteil meint es nicht böse mit Ihnen und will Sie nicht quälen, sondern eigentlich bei der Zielumsetzung unterstützen. Sie kennen diesen Anteil in der Regel schon lange und, wenn Sie nachdenken, können Sie sich wahrscheinlich auch an Momente erinnert, in denen die Strategie gefruchtet hat. Nur gerade ist es nicht die Richtige. Gerade fühlen Sie sich vielleicht manchmal in der Rolle des Pferdes. Müde, kraftlos und dafür auch noch bestraft und geschunden von Ihren eigenen Erwartungen. Eine Möglichkeit, dieser Situation zu begegnen, ist eine dritte, quasi schlichtende Person der inneren

Szene hinzuzufügen. Diese wird gerne als liebevoller Begleiter benannt. Dieser Selbstanteil kann ein Tierfreund sein, der die Szene sieht und zwei Dinge tut. Zum einen spricht er den Peitschenden an und unterbricht aktiv dessen Vorgehen, zum anderen geht er auf das Pferd zu, setzt sich daneben, streichelt ihm durch die Mähne und versucht zunächst die Situation zu begreifen, bevor er überlegt, was helfen kann.

Alle diese Selbstanteile sind in Ihnen vereint. Es hilft, sich diese bewusst zu machen. Der Kritiker und Antreiber kann sich in der falschen Situation eher lähmend auswirken. »Das schaffe ich eh nicht« ist auch ein Ausdruck hoher Ansprüche, die nicht in machbare kleine Pakete geschnürt werden können (▶ Kap. 3.5). In der Psychotherapie etabliert man vor allem in der modernen Verhaltenstherapie gerne diese Selbstanteile und bearbeitet sie konkret im Stuhldialog oder lässt sie auf andere Weise zu Wort kommen. Im Umgang mit Frustration in der Fatiguebehandlung kann es besonders hilfreich sein, den liebevollen Begleiter zu stärken. Im folgenden Abschnitt können Sie erfahren, wie Sie diesen, angelehnt an ein anderes Konzept, etablieren können.

Aber auch ein besseres Verständnis für den Kritiker und Antreiber ist hilfreich. Dazu gehört, sich bewusst zu machen, wann dieser aktiv wird. Also in welchen Situationen wird er besonders laut. Das können Momente sein, in denen Sie sich beispielsweise unzulänglich fühlen oder gerade etwas passiert ist, was diese emotionale Reaktion nahelegt, wie z. B. Sie haben sich etwas vorgenommen, für das Sie viel Energie benötigen, können diese aber gerade nicht aufbringen.

Zweitens können Sie vielleicht nach und nach besser seine Stimme erkennen. Oft verwendet er eine spezifische Ausdrucksweise, vielleicht sogar Beschimpfungen oder ist stark abwertend. Wenn Sie sich selbst und anderen zuhören, fällt Ihnen vielleicht ein Wechsel im Tonfall auf, wenn diese innere Stimme zitiert wird oder zutage tritt. Wenn Sie die Stimme noch nicht gut kennen, orientieren Sie sich zunächst an Ihrem Gefühl. Fühlen Sie sich gerade klein und kritisiert? Wahrscheinlich war oder ist er gerade zugange. Hier ein paar Beispielformulierungen:

»Schon wieder hast du deine Ziele nicht erreicht. So wird es nie besser.«
»Das, was du heute geschafft hast, ist viel zu wenig.«
»Andere kriegen es in ihrem Alter/mit ihrer Krankheit/mit den gleichen

Voraussetzungen viel besser hin.«
»Dir fehlt einfach die Disziplin.«

Der innere Kritiker und Antreiber ist jedoch kein Bösewicht wie aus dem Märchen, sondern es ist etwas komplexer. Sie haben diesen strengen und unnachgiebigen Anteil aus einem Grund. Und vermutlich kennen Sie ihn schon so lange, dass Sie sich eine Zeit ohne ihn gar nicht vorstellen können. Er hat Sie begleitet und Sie im Rahmen seiner Möglichkeiten unterstützt. Manchmal funktionieren seine Strategien und vermutlich können Sie sich an eine Zeit erinnern, in der sie Ihnen weitergeholfen haben. Er kann dabei helfen, sich zu überwinden, unliebsame Aufgaben rasch zu erledigen, Unlust hintenanzustellen, um Sie bei der Erreichung Ihrer Ziele zu unterstützen. Nehmen Sie sich vielleicht einen kleinen Moment Zeit und erinnern Sie sich. Wann waren Sie zuletzt ein richtig gutes Team und die Stimme hat Ihnen weitergeholfen, statt Sie zu quälen? Denn dafür haben Sie ihn sich ursprünglich zugelegt: Um Sie zu stärken und vor schlimmeren Konsequenzen von außen zu schützen.

Übung

Brief an den inneren Kritiker: Das Modell des inneren Kritikers sagt Ihnen zu? Nutzen Sie es für eine Übung. Ziel ist es, einen Brief zu schreiben, in dem Sie den inneren Kritiker als eigenständige Person ansprechen. Sie können diesen in folgende Abschnitte teilen:

- In welchen Momenten in Ihrer Kindheit haben Sie den Kritiker gebraucht? Wobei hat er Ihnen geholfen? Hat er Sie zum Beispiel vor elterlicher Kritik bewahrt, weil er Sie an Regeln erinnert hat?
- Was haben Sie ihm vielleicht zu verdanken?
- In welchen Momenten ist es für Sie schwierig mit ihm? Wie geht es Ihnen dann mit seinen Einwänden?
- Können Sie nachvollziehen, was er versucht, mit Ihnen zu erreichen?
- Erklären Sie ihm, wie einem guten Freund, was für Sie nicht hilfreich ist und machen Sie ihm vielleicht einen Vorschlag, wie er sich stattdessen verhalten kann.

- Zeigen Sie ihm Grenzen auf und kündigen Sie an, dass es Momente gibt, in denen Sie Stopp zu ihm sagen werden.

3.8.2 Selbstmitgefühl

Genauso, wie Sie als innerer Kritiker mit sich selbst ins Gericht gehen können, können Sie dies auf liebevollere Art tun. Das Konzept, das ich an dieser Stelle gerne einführe, nennt sich »Selbstmitgefühl«. Vielleicht haben Sie schon einmal davon gehört oder gelesen. Diese Idee wurde maßgeblich von Dr. Kristin Neff, einer amerikanischen Psychologieprofessorin, entwickelt und verbreitet.

Selbstmitgefühl basiert auf der simplen und doch besonderen Idee, sich selbst wie einen guten Freund oder eine gute Freundin zu behandeln. Die Methode kann man erlernen und einüben, sodass sie auch ohne therapeutische Begleitung angewandt werden kann. Auch wenn es natürlich hilfreich ist, gerade am Anfang jemanden zur Begleitung an seiner Seite zu wissen. Sie basiert auf der buddhistischen Lehre, in welcher Mitgefühl omnidirektional ist, also in alle denkbaren Richtungen ausgerichtet sein kann. Eben auch auf sich selbst. Mitgefühl soll sich dabei insbesondere auf Leiden und Schwierigkeiten einer Person richten und ist deswegen besonders wichtig bei chronischer Fatigue und noch wichtiger bei Rückschlägen in Verlauf und Behandlung.

Um sich in das Konzept einzudenken, möchte ich Sie einladen, sich kurz zu überlegen, wann Sie das letzte Mal mitfühlend behandelt wurden. Wann hat sich das letzte Mal jemand die Mühe gemacht und es dann auch noch gut hinbekommen, sich in Sie ein- und mit Ihnen mitzufühlen? Wann war das? Wer war es? Wie haben Sie es bemerkt? Und wie hat es sich angefühlt? Es sollte ein Moment sein, der Ihnen gutgetan hat, Sie vielleicht angerührt hat. Vielleicht haben Sie sich nah gefühlt, verstanden und weniger allein mit sich und den Beschwerden. Vielleicht zehren Sie bis heute davon. Ich hoffe, Sie haben einen solchen Moment gefunden und konnten gerade ein bisschen von dem guten Gefühl für sich hochholen. Solche Momente sind wunderbar, aber, je nachdem, manchmal selten.

Selbstmitgefühl ist eine Möglichkeit, sich dieses Gefühl selbst zu geben, nicht nur Empfänger:in, sondern auch Geber:in zu werden. Kernelemente des Selbstmitgefühls sind dabei:

- *Freundlichkeit im Umgang mit sich selbst:* Mehr als nur die nach innen gerichtete Kritik einzustellen, geht es darum, sich wirklich mit Freundlichkeit zu begegnen. Dabei hilft es, sich eine andere Person vorzustellen, bei der es Ihnen nicht schwerfällt, selbst mitfühlend zu sein. Stellen Sie sich diese Person in derselben Situation vor, also z. B. ausgeprägt erschöpft, gleichzeitig unzufrieden und verzweifelt. Wie würden Sie auf die geliebte Person zugehen, wie ihr begegnen? Wahrscheinlich fällt Ihnen dies viel leichter, als es gleich auf sich zu beziehen. Wenn Sie entwickelt haben, was Sie der Person gerne tun und sagen würden, können Sie dies wieder zu sich zurückbringen.
- *Leiden und Schwierigkeit gehören zum Leben:* Dies ist ein wichtiger Gedanke. Da sich das Mitgefühl vor allem auf schwierige Momente bezieht, ist es wichtig, anzuerkennen, dass diese nicht allein Ihnen vorbehalten sind, sondern zum Leben dazugehören. Und zwar zum Leben aller. Es verursacht zusätzliches Leiden, mit Verzweiflung oder Neid auf andere zu blicken, die vermeintlich keine Schwierigkeiten haben. Das ist ein beliebter Trugschluss. Alle leiden und genau deswegen haben wir glücklicherweise die Fähigkeit, mitzufühlen. Zu diesem Gedanken gehört auch die Erkenntnis, dass es nicht möglich ist, Leiden ganz zu vermeiden, sondern dass es immer wieder vorkommen, aber dann auch wieder verschwinden wird.
- *Achtsamkeit und flexibler Blick nach innen:* Achtsamkeit, die in mehreren Kapiteln besprochen wurde, ist auch die Grundlage dieser Herangehensweise. Zum Mitfühlen, mit sich selbst und anderen, gehört es dazu, sich ein Bild zu machen, sich wirklich einzufühlen. Es geht dabei nicht darum, sich mit Gedanken und Gefühlen zu identifizieren, sondern diese mit Neugier zu erleben. Also Achtsamkeit hat nicht das Ergebnis »Ich bin die Fatigue, das ist es, was mich ausmacht«, sondern »Ich als Mensch erlebe gerade dieses Empfinden in meinem Körper, dieses Gefühl oder diesen Gedanken. Sie definieren mich nicht, sondern sind Teil meines Erlebens.« Das ist eine wichtige Unterscheidung. Achtsamkeit erlaubt so, auch ein Stück aus sich herauszutreten und sich

gewissermaßen wie von außen zu betrachten, was Selbstmitgefühl einfacher macht.

Das Konzept des Selbstmitgefühls wurde besonders bei Personen mit psychischer Erkrankung untersucht und hat sich immer wieder als wirksam gezeigt. Es kann bei der Regulation negativer Gefühle helfen und reduziert Gefühle wie Scham. Selbstmitgefühl wirkt ähnlich positiv wie ein ausgeprägter Selbstwert, ist jedoch weniger labil, da es nicht an innere und äußere Werte gebunden ist, die sich verändern oder verschwinden können (Neff, 2023).

Übung

Eine kleine Übung zum und mit Selbstmitgefühl: Dieses Mal müssen Sie ausnahmsweise nicht schreiben. So können Sie diese Übung leicht überall durchführen, wenn Sie es gerade brauchen. Sie können die Übung sogar in Gesellschaft, im Büro oder am Küchentisch, durchführen und das vermutlich ganz unauffällig.

Die unterstützende Berührung (Nach Kristin Neff):

Berührungen haben eine starke Wirkung, wirken tröstend und beruhigend und schaffen das über den Körper direkter und schneller als Worte das vermögen. Ebenso wie Sie sich selbst gute Worte und Mitgefühl entgegenbringen können, können Sie sich selbst auch körperlich trösten.

In einem schwierigen Moment können Sie wie folgt vorgehen:

- Atmen Sie ca. dreimal tief ein und aus. Vielleicht schließen Sie dazu die Augen.
- Legen Sie sanft eine Hand flach auf Ihr Herz. Vielleicht auch zwei. Macht das einen Unterschied?
- Fühlen Sie durch die Haut auf Ihrer Brust Ihre Hand. Die Wärme und die Schwere. Vielleicht tun Ihnen auch kreisende Bewegungen der Handfläche gut.

- Fühlen Sie durch die Handfläche Ihren Brustkorb. Ihre Atembewegungen.
- Führen Sie dies eine Weile fort, solange es Ihnen guttut.

Wenn Sie einen Satz haben, den Sie sich gerne sagen, können Sie das damit verbinden. Leise oder laut. Sie können auch jede andere Stelle Ihres Körpers nutzen, wenn Ihnen das besser tut. Vielleicht wünschen Sie es sich auch etwas aktiver und es gefällt Ihnen, mit einer Hand den anderen Arm zu streicheln. Probieren Sie es aus (K. Neff, 2024).

3.9 Ihr eigener Weg mit Fatigue

Nun haben Sie einen ganzen Ratgeber zum Thema Fatigue gelesen und haben hoffentlich etwas für sich mitnehmen können. Am Ende dieses Buches liegt mir ein Fazit besonders am Herzen: Ihr Weg mit Fatigue ist Ihr eigener. Ebenso individuell wie die Beschwerde selbst sind Krankheits- und Behandlungsverläufe. Diese Erkenntnis kann frustrieren. Was der einen Person gut hilft, hat bei der anderen kaum einen Effekt. Andererseits kann und sollte es Sie im besten Fall ermutigen. Sie sind der Mensch, der sich am besten mit Ihrer Fatigue auskennt. Sie durchleben Sie, Sie wissen, was Ihnen geholfen hat und was Ihnen Schwierigkeiten bereitet hat. Medizinische Expert:innen können nicht in Sie hineinschauen, sondern haben immer nur begrenzte Daten und Fakten, auf denen sie ihre Entscheidungen begründen. Dies sind Angebote. Ich hoffe, dieses Buch konnte Sie dabei unterstützen, sich mehr auf Augenhöhe und als Partner:in des medizinischen Personals zu fühlen.

Sie sind die Person mit der Expertise für Ihr eigenes Beschwerdemanagement! Nicht allein, aber stets an der Spitze der Unternehmung. Die Behandlung der chronischen Fatigue ist, wenn die Grunderkrankung ausreichend medizinisch behandelt ist, symptomorientiert. Das bedeutet für Sie: Sie entscheiden, welche Therapie für Sie die Richtige ist. Und welche nicht. Sie probieren aus und geben Rückmeldung, ob und wie die Behandlung wirkt. Ich hoffe, dass Sie dafür ein bisschen Werkzeug mitnehmen konnten. Auch, Therapien abzulehnen oder eine Therapiepause liegen in Ihrer Hand. Manchmal helfen Behandlungen ein bisschen, haben aber auch Nebenwirkungen. Sie entscheiden, was Ihnen wichtiger ist und was für Sie schwerer wirkt.

Zu Ihrer Lebensqualität gehört schließlich nicht nur die Fatigue, sondern das Wissen um die eigene Wirksamkeit in Ihren Grenzen und Freiräumen. Sie sind die Person, die den Ton und die Marschrichtung angibt.

Daneben ist ein zentraler Punkt dieses Buchs und hoffentlich auch Ihres Weges der, sich den Alltag mit anderen leichter zu gestalten. Sie dürfen Ihre Bedürfnisse kommunizieren und Ihre Grenzen stecken. Gute Menschen, professionell und privat, um sich zu haben, Unterstützung und Hilfe anzunehmen, aber sich auch zu trauen, etwas zu hinterfragen, sind besonders wertvoll. Hoffentlich konnten Sie ein paar Ideen für Ihr Miteinander und Ihren Alltag mitnehmen.

Materialsammlung und Arbeitsblätter

Die Zusatzmaterialien[1] können Sie unter folgendem Link herunterladen:

https://dl.kohlhammer.de/978-3-17-044569-7

Meine Fatigue

Nutzen Sie diese Skizze, um sich über Aspekte Ihrer Fatigue Gedanken zu machen. Der mittlere Kreis in Grau ist der Platzhalter für das Wort, das für Ihre Beschwerde am treffendsten passt. Die anderen Kreise können Sie ähnlich wie in ▶ Abb. 1.2 mit wichtigen Anteilen füllen, die Ihr persönliches Erleben beschreiben.

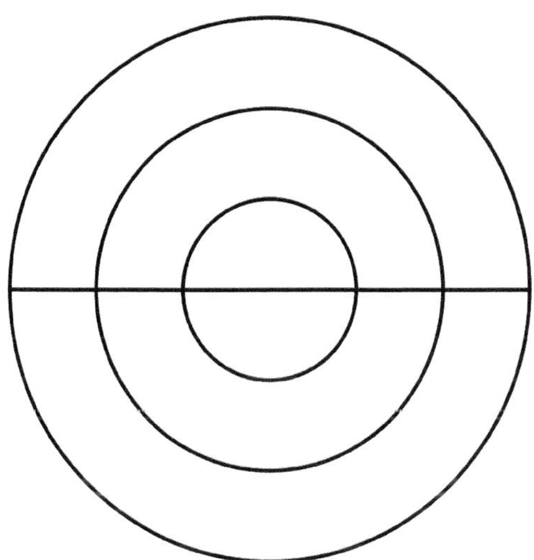

Übung zu Grenzen und Bedürfnissen

Nutzen Sie diese Skizze analog zu ▶ Abb. 2.1. Wer ist in welchem Kreis? Tragen Sie wichtige Personen in den jeweiligen oberen Halbkreis ein.

Was bedeutet die Zugehörigkeit zu diesem Nähekreis? Was dürfen diese Personen erwarten und wünschen von Ihnen? Was sind Ihre Wünsche an diese Personen? Tragen Sie dies in die unteren Halbkreise ein.

Machen Sie den Test: Jemand kommt Ihnen nahe, trägt Bedürfnisse an Sie heran? Wo ist diese Person verortet? Passt der Anspruch zum Kreis oder wollen Sie gemäß Ihrer Hierarchie nein sagen und sich abgrenzen?

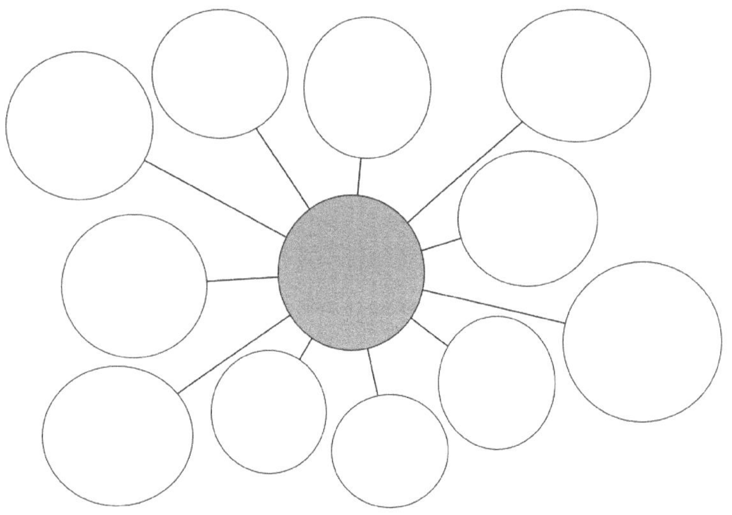

Mein Zielebogen

Was ist das Problem?

Was möchte ich stattdessen erreichen? (positive Formulierung)

Wie bemerke ich, dass ich auf der richtigen Spur bin?

Was ist das Fernziel, wann bin ich auf diesem Weg am Ende?

Was ist das kleinste (noch für mich spürbare) Nahziel auf dem Weg?

Bis wann will ich dieses Nahziel erreichen?

Was ist besser, wenn ich dieses Nahziel erreicht habe? Warum ist es attraktiv?

Energiepegel 1 bis 10

Energie	Wie bemerke ich diesen Pegelstand?	Was kann ich mit diesem Pegelstand unternehmen?
10/10		
9/10		
8/10		
7/10		
6/10		
5/10		
4/10		
3/10		

Energie	Wie bemerke ich diesen Pegelstand?	Was kann ich mit diesem Pegelstand unternehmen?
2/10		
1/10		

Energiepegel 1 bis 100

Energie	Wie bemerke ich diesen Pegelstand?	Was kann ich mit diesem Pegelstand unternehmen?
100/100		
95/100		
90/100		
85/100		
80/100		
75/100		
70/100		
65/100		
60/100		
55/100		
50/100		

Energie	Wie bemerke ich diesen Pegelstand?	Was kann ich mit diesem Pegelstand unternehmen?
45/100		
40/100		
35/100		
30/100		
25/100		
20/100		
15/100		
10/100		
5/100		

Mein Energietagebuch

Datum	Energie morgens (1–10)	Energie abends (1–10)	Was habe ich heute getan? Was war los?	Was hat mich heute beschäftigt?	Welche Gefühle habe ich erlebt?	Was hat mich Energie gekostet?	Was hat mir Energie gegeben?

Datum	Energie morgens (1–10)	Energie abends (1–10)	Was habe ich heute getan? Was war los?	Was hat mich heute beschäftigt?	Welche Gefühle habe ich erlebt?	Was hat mich Energie gekostet?	Was hat mir Energie gegeben?

Datum	Energie morgens (1–10)	Energie abends (1–10)	Was habe ich heute getan? Was war los?	Was hat mich heute beschäftigt?	Welche Gefühle habe ich erlebt?	Was hat mich Energie gekostet?	Was hat mir Energie gegeben?

Datum	Energie morgens (1–10)	Energie abends (1–10)	Was habe ich heute getan? Was war los?	Was hat mich heute beschäftigt?	Welche Gefühle habe ich erlebt?	Was hat mich Energie gekostet?	Was hat mir Energie gegeben?

Verzeichnisse

Literaturverzeichnis

Azzolino, D., Arosio, B., Marzetti, E. et al. (2020). Nutritional Status as a Mediator of Fatigue and Its Underlying Mechanisms in Older People. *Nutrients*, *12*(2). https://doi.org/10.3390/nu12020444

Balban, M. Y., Neri, E., Kogon, M. M. et al. (2023). Brief structured respiration practices enhance mood and reduce physiological arousal. *Cell Reports. Medicine*, *4*(1), 100895. https://doi.org/10.1016/j.xcrm.2022.100895

Baranwal, N., Yu, P. K., & Siegel, N. S. (2023). Sleep physiology, pathophysiology, and sleep hygiene. *Progress in Cardiovascular Diseases*, 77, 59–69. https://doi.org/10.1016/j.pcad.2023.02.005

Bateman, A., & Fonagy, P. (2010). Mentalization based treatment for borderline personality disorder. *World Psychiatry*, *9*(1), 11–15. https://doi.org/10.1002/j.2051-5545.2010.tb00255.x

Breidert, M., & Hofbauer, K. (2009). Placebo: Misunderstandings and prejudices. *Deutsches Arzteblatt International*, *106*(46), 751–755. https://doi.org/10.3238/arztebl.2009.0751

Cao, S., Geok, S. K., Roslan, S. et al. (2022). Mindfulness-Based Interventions for the Recovery of Mental Fatigue: A Systematic Review. *International Journal of Environmental Research and Public Health*, *19*(13). https://doi.org/10.3390/ijerph19137825

Chalah, M. A., & Ayache, S. S. (2018). Cognitive behavioral therapies and multiple sclerosis fatigue: A review of literature. *Journal of Clinical Neuroscience: Official Journal of the Neurosurgical Society of Australasia*, *52*, 1–4. https://doi.org/10.1016/j.jocn.2018.03.024

Chalder, T., Berelowitz, G., Pawlikowska, T. et al. (1993). Development of a fatigue scale. *Journal of Psychosomatic Research*, *37*(2), 147–153. https://doi.org/10.1016/0022-3999(93)90081-p

Chayadi, E., Baes, N., & Kiropoulos, L. (2022). The effects of mindfulness-based interventions on symptoms of depression, anxiety, and cancer-related fatigue in oncology patients: A systematic review and meta-analysis. *PloS One*, *17*(7), e0269519. https://doi.org/10.1371/journal.pone.0269519

Deutsche Gesellschaft für Allgemeinmedizin und Familienmedizin (DEGAM), Berlin (2022). S3-Leitlinie Müdigkeit: AWMF-Register-Nr. 053–002 DEGAM-Leitlinie Nr. 2.

Deutsche Gesellschaft für Schlafforschung und Schlafmedizin e.V. (2017). *S3-Leitlinie Nicht erholsamer Schlaf/Schlafstörungen – Insomnie bei Erwachsenen: Version 1.0, Stand 31. 12. 2017.*

Drucker, P. F. (1979). *People and performance: The best of Peter Drucker on management.* Heinemann.

Gibis, B., & Gawlik, C. (2001). Hierarchie der Evidenz Die unterschiedliche Aussagekraft wissenschaftlicher Untersuchungen: Die unterschiedliche Aussagekraft wissenschaftlicher Untersuchungen [Not Available]. *Bundesgesundheitsblatt, Gesundheitsforschung, Gesundheitsschutz*, *44*(9), 876–882. https://doi.org/10.1007/s001030100243

Hawkley, L. C. (2022). Loneliness and health. *Nature Reviews. Disease Primers*, *8*(1), 22. https://doi.org/10.1038/s41572-022-00355-9

Heim, C., Nater, U. M., Maloney, E. et al. (2009). Childhood trauma and risk for chronic fatigue syndrome: Association with neuroendocrine dysfunction. *Archives of General Psychiatry*, *66*(1), 72–80. https://doi.org/10.1001/archgenpsychiatry.2008.508

Hershner S., MD and Shaikh I., MD. (August 2020). *Healthy Sleep Habits.* https://sleepeducation.org/healthy-sleep/healthy-sleep-habits/

Hui Ho, D. C., & Zheng, R. M. (2022). Approach to fatigue in primary care. *Singapore Medical Journal*, *63*(11), 674–678. https://doi.org/10.4103/SINGAPOREMEDJ.SMJ-2021-118

Jaime-Lara, R. B., Koons, B. C., Matura, L. A. et al. (2020). A Qualitative Metasynthesis of the Experience of Fatigue Across Five Chronic Conditions. *Journal of Pain and Symptom Management*, *59*(6), 1320–1343. https://doi.org/10.1016/j.jpainsymman.2019.12.358

Jang, K. H., Lee, J. H., Kim, S. J. et al. (2018). Characteristics of napping in community-dwelling insomnia patients. *Sleep Medicine*, *45*, 49–54. https://doi.org/10.1016/j.sleep.2017.12.018

Liu, T. (2022). Placebo Effects: A New Theory. *Clinical Psychological Science*, *10*(1), 27–40. https://doi.org/10.1177/21677026211009799

Ludwig, B., Olbert, E., Trimmel, K. et al. (2023). Myalgische Enzephalomyelitis/chronisches Fatigue-Syndrom: eine Übersicht zur aktuellen Evidenz [Myalgic encephalomyelitis/chronic fatigue syndrome: an overview of current evidence]. *Der Nervenarzt*, *94*(8), 725–733. https://doi.org/10.1007/s00115-022-01431-x

Machado, M. O., Kang, N.-Y. C., Tai, F. et al. (2021). Measuring fatigue: A meta-review. *International Journal of Dermatology*, *60*(9), 1053–1069. https://doi.org/10.1111/ijd.15341

Martin, A., Staufenbiel, T., Gaab, J. et al. (2010). Messung chronischer Erschöpfung – Teststatistische Prüfung der Fatigue Skala (FS). *Zeitschrift Für Klinische Psy-*

chologie Und Psychotherapie, *39*(1), 33–44. https://doi.org/10.1026/1616-3443/a000010

Meule, A., Riemann, D., & Voderholzer, U. (2023). Sleep quality in persons with mental disorders: Changes during inpatient treatment across 10 diagnostic groups. *Journal of Sleep Research*, *32*(2), e13624. https://doi.org/10.1111/jsr.13624

Muche-Borowski, C., & Kopp, I. (2011). Wie eine Leitlinie entsteht. *Zeitschrift Für Herz-, Thorax- Und Gefäßchirurgie*, *25*(4), 217–223. https://doi.org/10.1007/s00398-011-0860-z

Neff, K. D. (2023). Self-Compassion: Theory, Method, Research, and Intervention. *Annual Review of Psychology*, *74*, 193–218. https://doi.org/10.1146/annurev-psych-032420-031047

Pastier, N., Jansen, E., & Boolani, A. (2022). Sleep quality in relation to trait energy and fatigue: An exploratory study of healthy young adults. *Sleep Science (Sao Paulo, Brazil)*, *15*(Spec 2), 375–379. https://doi.org/10.5935/1984-0063.20210002

Price, J. R., Mitchell, E., Tidy, E. et al. (2008). Cognitive behaviour therapy for chronic fatigue syndrome in adults. *The Cochrane Database of Systematic Reviews*, *2008*(3), CD001027. https://doi.org/10.1002/14651858.CD001027.pub2

Sanal-Hayes, N. E. M., Mclaughlin, M., Hayes, L. D. et al. (2023). A scoping review of ›Pacing‹ for management of Myalgic Encephalomyelitis/Chronic Fatigue Syndrome (ME/CFS): Lessons learned for the long COVID pandemic. *Journal of Translational Medicine*, *21*(1), 720. https://doi.org/10.1186/s12967-023-04587-5

Schulz von Thun, F. (2023). *Störungen und Klärungen: Allgemeine Psychologie der Kommunikation* (61. Auflage, Originalausgabe). *Miteinander reden/Friedemann Schulz von Thun: Vol. 1.* Rowohlt-Taschenbuch-Verl.

Stijovic, A., Forbes, P. A. G., Tomova, L. et al. (2023). Homeostatic Regulation of Energetic Arousal During Acute Social Isolation: Evidence From the Lab and the Field. *Psychological Science*, *34*(5), 537–551. https://doi.org/10.1177/09567976231156413

Tankisi, H., Versace, V., Kuppuswamy, A. et al. (2024). The role of clinical neurophysiology in the definition and assessment of fatigue and fatigability. *Clinical Neurophysiology Practice*, *9*, 39–50. https://doi.org/10.1016/j.cnp.2023.12.004

Vercoulen, J. H. M. M., Swanick, C. M. A., Fennis, J. F. M. et al. (1994). *PsycTESTS Dataset.* https://doi.org/10.1037/t11003-000

Vigarello, G. (2022). *A history of fatigue: From the Middle Ages to the Present* (N. Erber, Trans.). Polity Press.

Wirtz, M. A. (Ed.). (2021). *Dorsch – Lexikon der Psychologie* (20., überarb. Auflage 2021). Hogrefe AG.

Zhou, E. S., Hall, K. T., Michaud, A. L. et al. (2019). Open-label placebo reduces fatigue in cancer survivors: A randomized trial. *Supportive Care in Cancer: Official Journal of the Multinational Association of Supportive Care in Cancer*, *27*(6), 2179–2187. https://doi.org/10.1007/s00520-018-4477-6

Sachwortverzeichnis

I

K

L

M

N

P

R

S